THINK SIMPLY

最先端研究で導きだされた

「考えすぎない」人の考え方

堀田秀吾 明治大学教授

sanctuary books

はじめに

私たち人間が他の生物と比べて特に優れている能力といえばなんでしょうか？

それは、「考える力」です。

人類は、本能を超えて「考える」という力を手に入れたおかげで、言葉や文字、そしてモノや技術を生み出すことができるようになりました。高度な文明を築き上げ、生物界のピラミッドの頂点に立つようになったわけです。

「人間は考える葦《あし》である」という言葉のとおり、ちゃんと考えるからこそ人間なのです。

しかし、考えることには弱点もあります。


それは、考えすぎてしまうことです。

考えることはいいことなのですが、これがいきすぎると迷って決断ができない、一歩を踏み出せない、思い悩んでしまう、といった弊害を生み出す原因にもなります。

考えすぎることで行動がしにくくなり、場合によっては心身の病気にもつながってきてしまうのです。

つまり、考えることは諸刃《もろは》の剣でもあります。

合理的な判断をし、選択を間違えないためには、考えないわけにはいかない。しかし、考えすぎては行動が遅くなり、思考もネガティブになってしまう……。

この問題にどう折り合いをつけたらよいのでしょうか？

そもそも世の中には、**「考えすぎて動けない人」がいる一方、「考えすぎずに最適な行動を素早くとれる人」**もいます。

たとえば、「いつも行動が早い！」「判断が的確！」「いいアイデアもすぐに出す！」そんな人が身近にいた経験がないでしょうか。

大きな会社の経営者などをイメージしてもらうとわかりやすいと思いますが、日々分単位のスケジュールで時間に追われながら、その中でも最適な道を選ぶことができる人たちもいますよね。

じっくり考えている様子はありませんが、かといって一か八かのヤマ勘で動いているわけではなさそうです。行動は素早く合理的だけれど、決して無策・無鉄砲ではありません。

彼らは、いったいどのようにして考えているのでしょうか？

近年、このような思考と行動にまつわる研究が進んでいます。心理学、脳科学、言語学、社会学、行動経済学など、さまざまな分野で、考えすぎてしまう人とそうでない人の違いが明らかになってきているのです。

たとえば、こんな研究結果があります。

◆不安やネガティブな感情は、考えごとをするほど強くなる
——ミシガン州立大学 モーザー

◆情報が多いほど、時間をかけるほど、人は合理的に判断できなくなる
——ラドバウド大学 ダイクスターハウス

◆忘れっぽい人、ものごとをざっくり記憶する人のほうが思考力は高い
——トロント大学 リチャーズ

◆考えないようにしようとするよりも、行動で打ち消したほうがいい

——カンザス大学 クラフト

◆「やる」か「やらないか」の決断は、コインで決めても幸福度は変わらない

——シカゴ大学 レヴィット

◆考えているときよりもぼーっとしているときのほうが脳は効率よく働く

——ワシントン大学 レイクル

◆過去のことを思い出すほど脳は老化していく

——理化学研究所 木村

◆優秀な人ほど、優秀な人のマネをして行動や思考を効率化している

——南デンマーク大学 アナリティス

◆「フェイスブックをやめる」など入ってくる情報を減らしたほうが幸福感も増す

——コペンハーゲン大学 トロムホルト

などなどの研究です。

これらに総じて言えるのは、

「考えすぎないほうが、行動力や幸福感が高まり、仕事や人生にいい影響がある」

ということです。

実に多くの研究で、同じような結論が導きだされているのです。

本書では、このような「考えすぎない人の考え方」を世界中の研究機関・研究者らの報告をもとに解説していきます。

全7章構成で、1章では考えすぎてしまう理由と、考えないための基本的な方法についていてさまざまな学問分野からお伝えします。

2章では、「行動の最適化」をテーマに、迷う時間を減らし素早く適切な選択・判断をする方法について。

3章では、不安な状態から脱し、「冷静さ」を取り戻す方法について。

4章では、最大限集中し、「生産性」を高める習慣について。

5章では、「ポジティブな行動」がもたらす効果とその具体的なアクションについて。

6章では、最新研究で明らかになってきている脳・体・心のつながりと、幸福感や健康との関係について。

7章では、「気分のリセット」を行うのに適したティップスについて。

全編にわたって研究結果や理論を説明するだけではなく、具体的なアクションに落とし込んでいますので、読んですぐにでも生活に取り入れていただくことができます。

現代は「正解のない時代」と言われますが、これまでの時代と圧倒的に違うのは、情報量です。カンタンにたくさんの情報が手に入る一方で、選択肢、考慮すべきことがらが多くなりすぎ、ものごとをシンプルに考えるのをより難しくしています。

ついつい「あれもこれも」と欲ばってしまいますが、そんな思考を一度スッキリさせ、日々の生活に必要なこと、重要なことを上手に整理していきましょう。

「考えすぎないのに、うまくいく」。みなさまにそんな状態が訪れるような考え方をお伝えできればと思います。ではさっそく、始めていきましょう。

THINK SIMPLY

CONTENTS

THINK SIMPLY CONTENTS

CHAPTER

2 行動を最適化する

THINK SIMPLY CONTENTS

CHAPTER 4

最高に集中する

THINK SIMPLY CONTENTS

CHAPTER 5

態度だけはポジティブであるべき理由

THINK SIMPLY CONTENTS

THINK SIMPLY CONTENTS

1

THINK SIMPLY

CHAPTER

考えすぎる理由・考えすぎない方法

THINK SIMPLY

01

人間の行動原理

そもそも、世界は不安でできている

「進化心理学」的考察

私たち「ホモ・サピエンス（現生人類）」が地球に生まれてから20万年。技術、テクノロジーは大きく進化し、ネット環境さえあればどこでも仕事はできるし、1日中暇つぶしには事欠かない……そんな時代になりました。

しかしながら、これだけ大きな進歩をしていながら、まったく変わっていないことがあります。

それは、私たちの行動原理です。行動原理とはカンタンに言えば「生物が何に突き動かされているか」ということ。

生物学と心理学をかけ合わせた「進化心理学」という学問では、人間の行動原理をこう説明しています。

人はみな「不安」によって動くと。

自分の命を守るため、家族の命を守るため、私たちは「不安」という機能を使って生きてきたのです。不安があるから、新しいものを警戒しますし、より優位に立ちたいと思います。不安を解消するために、ラクに安心できる方法を探し求めるのです。

つまり、何かを怖いと思う気持ちも、何かをしたいという欲求も、すべては不安から起きるものだと考えられています。

この心のメカニズムは旧石器時代からまったく変わっていません。古代にやじりをがんばって削っていた人も、満員電車にゆられながら会社に向かっている人も、心の働き方や機能は同じなのです。

ただし、大きく違うのは人を取り巻く環境です。

数十万年前には、現代ではあたりまえのように使っている日用品も鉄筋コンクリートに守られた家屋や電化製品もなく、ちょっとしたことで命を落としかねない環境でした。たとえば、今なら消毒して絆創膏《ばんそうこう》を貼れば十分な傷でも、破傷風を起こして亡くなった人も多かったことでしょう。

気を抜けば、死ぬのです。ですから日常のわずかな変化や違和感にも注目し、それが危険かどうかを見極める必要がありました。ちょっとしたことに対してでも不安になるくらいがちょうどよかったのです。

しかし、今はどうでしょう。

食料確保のために狩りに行く必要もありませんし、雨風をしのぐ家も暖房器具もあります。ほしいものはコンビニでもスーパーでも、なんならネットでポチれば翌日には届くのです。

では、命をなくす危険性が少なくなった時代で私たちは何を不安に思うのかというと、仕事でうまくいかないと落ち込んだり、人間関係のトラブルで気が重くなったり、将来のお金のことを考えてげんなりしたり、先行き不安なニュースを聞いてイヤな気分になったり……そんなことですよね。

「中世の人が一生で得ていた情報を1日のうちに得ている」と言われるほど情報量の多い現代では、「先のわからない未来」や「他人の言動」あるいは「ネガティブな情報」などが私たちの不安をあおります。さらに「ネガティビティ・バイアス」といって、人はネガティブな情報に優先的に注目してしまう特性も持っています。

そのため脳が情報を処理しきれず、考えるほど不安になってしまう、という状況が起きるのです。

そもそも、生物の進化というのは何万年もかけてゆっくりと行われます。翼が生えてきますように！　と願ってすぐに生えてくるものではないのです。

急激な文明の発達はここ数千年の話であり、人類20万年の歴史からすればほんの数分前の出来事に過ぎません。この状況に進化が追いつけるわけもなく、脳も身体もまだまだ順応できていないのです。「不安にならないようにしよう」としたって、それは難しいでしょう。

そこでぜひ、発想を変えてみましょう。

「不安にならないようにしよう」ではなく、「不安とうまく付き合っていこう」と考えてみてください。

この高度な社会を生み出してきたのも、不安であり、心配性な私たちの性質なのです。

たとえば、戦国武将しかり、現代のやり手ビジネスマンしかり、世の中で大きな成果を上げて活躍する人というのは、「不安にならない」人というわけではありません。

不安のエネルギーをポジティブな方向に変換して、他の人が行わないようなことをしている人たちなのではないでしょうか。

脳の構造から考えて、不安にならない人はいません。

そう。本質的には誰だってビビリなのです。ただ、不安や恐怖に飲み込まれずに、うまく対処する方法を持つことはできます。

この本では、この「不安」という心の機能とうまく折り合いをつけて、上手に日常で生かしていく方法について紹介していきます。

その方法とは、世界中で行われている科学実験の内容をふまえたものです。国内外の大学や研究機関など、さまざまな文献をもとにしています。

考えることは素晴らしい技術なのですが、考えすぎると不安が増し、時間もエネルギーも浪費するばかり。そうならないための、科学にもとづいた「考えすぎない考え方」を見ていきましょう。

How to UNTHINK

不安にならないようにするのではなく不安をうまく使う

THINK SIMPLY

02

悩みのタネ

心配事の9割は起こらない

ペンシルバニア大学 ボルコヴェックら

世界は不安によってできているとお伝えしました。その意味では人間にとって「適度な不安」は重要です。ものごとに注意が向き、「危機回避」や「先回り」につながります。そうして社会の仕組みが生まれ、文明・文化は発達してきたわけですね。

しかし、この不安が度を超えてくると目の前のしなければいけないことが手につかなくなり、許容量を超えれば病気になってしまうこともあります。

いったい、どのように線引きし、折り合いをつけていけばいいのでしょうか？

シドニー大学のザボとニューサウスウェールズ大学のラヴィボンドは悩みごとに関して調査を行いました。

「人はいったい何に悩んでいるのか？」

この調査でわかったのは、約半数の48％の人の悩みごとは「問題解決過程」に関するものでした。つまり、**「この問題をどうやって解決したらいいんだ！」と悩んでいる人が半数**という結果です。

また、この調査では「結果は変えようがないと考える人ほど、さまざまな解決法を否定的に捉える」傾向も明らかになりました。「何をやったってダメに決まってる」と決めてかかっていると、ますます問題解決に向かって動けなくなるということです。

さらにこの傾向を持つ人は、「何か他の出来事が起こらない限り、悩み続ける」という特徴も見られました。何かショックが与えられるようなハプニングがなければ、悩みにとらわれてしまうのです。

しかし、このことは言い換えれば、**何か起きて意識がそれてしまえば忘れてしまうくらいの問題で人はよく悩んでいる**とも言えます。

そう。人は多くの場合、起きた問題自体に対して悩んでいるのではありません。もしもこうなったらどうしたらいいのか？……でも、こんなことが起きたら？　もしもうまくいかなかったら？　と、まだ起きていない未来について考え続けているのです。

これに関連して、ペンシルバニア大学のボルコヴェックらはこんな研究結果を発表しています。

それは、**「心配事の79％は実際には起こらず、16％の出来事は事前に準備を起こしていれば対処可能」**ということです。

心配事が現実化する確率は5％ということですね。この5％の確率で起きることは、たとえば未曽有の天災など自分ではどうしようもないようなことになります。ほとんどのことは、「適切に準備をしていれば、いざそうなっても大丈夫」なことなのです。

悩みのタネがあるときには、「どうなるんだろう……」という不安によって動くのではなく、「こんな結果にしてやるぞ」という気持ちで適切な対処法、対策、準備などについて考えてみてください。

ものごとに消極的になってやらない理由を探す、できない理由を探すほど不安の解決からはほど遠くなってしまいます。

不安なときに考えても、悩みは消えないのです。

関連した研究で、コーネル大学の心理学者ギロビッチとメドベックは「後悔」に関する5種類の調査を行いました。

対面、電話、アンケートなどの方法で老若男女を対象に幅広く行われ、この結果、**人は短期的には「やってしまった」ことに対する後悔をよく覚えているが、長期的には「やらなかったこと」への後悔を強く覚えている**ことがわかりました。

さらに、行動しなかったことに対する後悔は、時間の経過とともに高まっていく傾向があることがわかりました。

「やらない後悔」より「やる後悔」だと言いますが、長いスパンで人生を見てみると、どうやらこれは真実のようなのです。

同じ悩むであれば、積極的に悩むことが重要です。「解決できなかったらどうしよう」ではなく、「どうすれば解決できるか」と、行動をベースに考えてみてください。

このスタンスを意識している人が、「結果はあとからついてくる」ことを実感し、迷わず行動できている人たちなのではないでしょうか。

How to UNTHINK

世の中で起きるほとんどのことは対処できることだと思えばポジティブに悩める

THINK SIMPLY

03

忘れる能力

今
抱えている不安は、
来年の今にはほぼ
確実に忘れている

エビングハウスの忘却曲線

突然ですが、昨日の夕飯のメニューを覚えているでしょうか？

それでは、一昨日の夕飯はどうでしょうか？　3日前はどうだったでしょうか？　さらに、1週間前、1ヶ月前ではどうでしょうか？

……と、このように遡るほど答えられなくなりますよね。

19世紀に活躍したドイツの心理学者ヘルマン・エビングハウスは、このような人の記憶に関する研究を行い、「忘却曲線」という理論を残しています。一般的に「エビングハウスの忘却曲線」と呼ばれるもので、時間の経過とともに人の記憶がどのように変化していくかを研究したものです。

エビングハウスは、「子音・母音・子音」からなる意味のない3つのアルファベットを参加者に覚えさせ、その記憶がどれくらいの時間で失われていくかを調べました。

その結果、**覚えた20分後には半分近くのことを忘れてしまう**、という結果になったのです。また、時間の経過とともに残っている記憶も失われていきました。

詳細は、次のとおりです。

20分後……覚えた内容の42％を忘れる
1時間後……覚えた内容の56％を忘れる
1日後……覚えた内容の74％を忘れる
1週間後……覚えた内容の77％を忘れる
1ヶ月後……覚えた内容の79％を忘れる

1ヶ月もすれば80％忘れているということです。

人間は忘れる生き物だなんて言われますが、本当によく忘れるのです。

ただし、この忘れっぽいという性質は、必ずしも悪いわけではありません。ポジティブにも捉えられます。

たとえば、今日起きたイヤなことがあったとします。イヤミを言われたとか、仕事でミスをしたとか、それで一時的には不快な気持ちになりますし、内容によってはしばらく引きずってしまうかもしれません。

ですがその記憶も、1ヶ月も経てばほとんど忘れてしまうのです。

転職を考えてものすごく悩んだときのこと、子育てで大変だったときのこと、

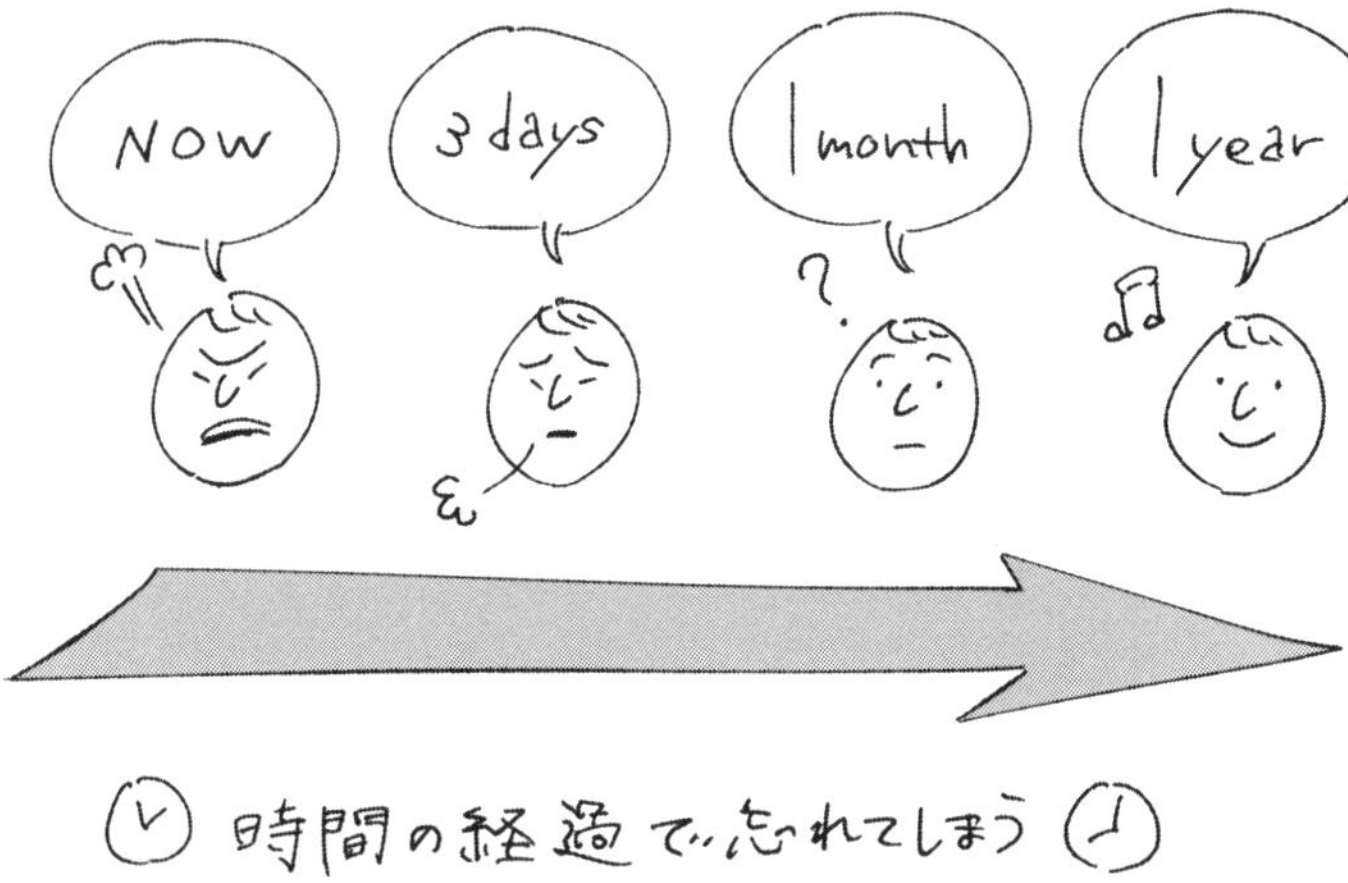

部活や勉強で苦しい思いをしたときのこと……人はそれぞれ、大変な思いをしていた時期があるはずです。

ところが、そんな大きなイベントでさえも、時間が過ぎれば「あ〜、そんなこともあったよね」と、言われないと思い出さない、思い出せてもなんとなく……になっていきます。

遠い昔の記憶として脳の奥底にしまわれていくのです。

今、ついとらわれてしまう気持ちや悩みがあったとしても、時間の経過でほとんどのことは忘れてしまいます。

言い換えると、**ちょっとした悩みに費やしている時間は、将来的にまったくの**

ムダになる可能性が非常に高いのです。

大事なことは記録をつけるなどわかりやすく残しておく必要がありますが、そうでないものにはあえて目を向けないことも大切なことです。

忘れるとは、過去のいらない情報をさっさと処理し、「現在の新しい情報」に対応していくための能力でもあります。

詳しいメカニズムはまたのちほどお伝えしますが、そもそも記憶というのはこと細かに覚えておくよりも「ざっくり」と、なんとなく覚えておくくらいのほうが思考力や判断力が高くなることがわかっています。

判断が早い、情報処理が早い人ほど忘れっぽいということですね。忘れる能力を身につけていくこともまた、考えないためには重要なのです。

How to UNTHINK

忘れる力は、新しい情報への対応力。忘れっぽくなるほど、思考力は高くなる

THINK SIMPLY

04

集中と幸福

「今この瞬間」に意識がないとき脳は不安を呼び込んでしまう

ハーバード大学　キリングズワースとギルバート

突然ですが、再び問題です。

Q：「不安」の対義語はなんでしょうか？

はい。答えは、「安心」ですね。

安心とは心が満ちている状態を言いますが、この感覚は「幸せ」や「幸福」とも呼ばれています。人は幸せになるために生きている、なんて言葉もあるように、不安から脱し、安心感や幸福感を得るために欲求が生まれてくるわけです。

ただ、この問題の難しいところは、幸せの内容はカンタンに具体化できないことです。つまり、「幸せが大事なのはわかるけど、じゃあどうすれば幸せになれるのかわからない！」のです。

「幸せとはなんですか？」への答えは人によってさまざまですよね。どうすれば幸せになれるかわからないのは、そもそもの定義が難しいからです。

では、科学者は幸せをどう定義するのでしょうか？

ハーバード大学の心理学者キリングズワースと、ギルバートはこんな研究を報告しています。

「幸福に必要なことは、心身が集中することである」

これは科学誌『Science《サイエンス》』に発表されたもので、キリングズワースらはオリジナルのiPhoneのアプリを使った実験を行いました。13ヶ国、18歳から88歳までの5000人を対象に、「今何をしていますか？」「今何を考えていますか？」「今やっていること以外のことを考えていますか？」といったさまざまな質問をして、それに対する回答を集めます。

この結果、46・9％の人が「何かをしているとき、そのこととは関係ないことを考えている」ことがわかりました。

そして、今やっていることと考えていることが違うときは、一致しているときよりも幸せと感じていない、という結果が明らかになったのです。

つまり、**目の前のことに集中できていないときには、幸せを感じづらい。集中しているときには幸せを感じやすい**ということですね。

たしかに時間を忘れるほど何かに熱中できているとき、その時間は何にも代えがたい充実感があります。そうなるのは、**「何かに熱中しているときには他のことを考えられないから」**です。

スタンフォード大学やグーグルが導入したことで話題となった「マインドフルネス」も、深い呼吸に意識を集中させ、よけいなことを考えないことで心身をリセットする目的があります。「煩悩を捨てる」というのは、言い換えれば「意識を今目の前に集中させる（そうすればよけいなことは考えなくなる）」ということなのです。

つまり、不安にとらわれすぎないためには、日常の中で目の前のことに集中できるようなシステムをつくることが重要になります。

やり方は単純。キーワードは「一所懸命」です。

脳の仕組みから考えると、「やる気のスイッチ」というのは、「よしやろう！」といった気合いや考え方で入るものではありません。

方法は一つ。ともかく、その作業を始めること。実際の作業を始めたときに自動的に入るものなのです。そして、作業しているうちに深い集中状態に入っていきます。

反対のことを言えば、**手をつけない限りやる気など起きない、集中などできないというのが今の脳科学でわかっているやる気のメカニズム**なのです。

とすると、集中するには「イヤだなぁ」と思う時間を減らし、さっさと作業に移ってしまうことに尽きます。このサイクルを早めることが考えすぎをふせぎ、結果的に幸福感を高めることにもつながります。

たとえば気の進まない仕事も、手をつける前はイヤだ、めんどうだ、という気持ちが先行してしまいますが、「やりはじめると集中できた！」「やってみたら意外と充実感があって楽しかった！」なんて経験はないでしょうか。

まずは始めてしまって、素早く集中モードに入ることが重要なのです。

特に「どっちみちやらなければいけないこと」ほど早く手をつけるようにしてみてください。時間を空けてしまうほどイヤだなぁという気持ちが出てきます。ネガティブな考え・感情が浮かびやすくなるのです。

ネガティブな衝動にかられると、人は逃避的な行動をとることになります。典型的な例が「テスト前に勉強しなければいけない状況」で急に部屋の掃除を始めたり、マンガ全巻を一気読みする、といった行動ですね。

しかしどうでしょう。

掃除をしたりマンガを読んだりしている間にも、ちらちらと「あ〜早く勉強しなきゃ……」「勉強しないとどうなるんだろう……」といった不安やプレッシャーが顔を出すはずです。**優先順位の高い案件を放置してしまうと、結局何をしていてもなかなか集中ができない**というわけです。

やるべきことにすぐに手をつけ、「うまくいった」「意外と楽しかった」といった感覚・成功体験を積み上げていくことで、集中するシステムはできていきます。

このときだけはぜひ、「考えない」ようにしてみてください。

How to UNTHINK

優先順位の高いことほど、まず「やる」。それが幸福・安心への最短ルートである

THINK SIMPLY

05

脳の力

じっくり腰をすえて考えるより、ぼーっとするほうが「考える力」は高くなる

ワシントン大学　レイクル

「頭を使う」という表現がありますが、考えているときというのは、ものすごくエネルギーを使った感覚になりますよね。

ですが、近年の脳科学の研究ではこんなことが明らかになってきています。

「脳は忙しくしているときよりも、何もせずぼーっとしているときのほうが、2倍のエネルギーを使っている」

精神科医の西多昌規らは、脳を意識的に使っているときよりも、何も考えていないときのほうが脳は活発に動いているとしています。

ワシントン大学のレイクルらの研究でも同じことが実証されています。実験で「何か行動しているとき」と「ぼーっとしているとき」の脳の働きを比較したところ、やはりぼーっとしているときのほうが脳の記憶に関する部位・価値判断に関する部位が活発に働いていることがわかったのです。

脳のこのような機能は**「デフォルトモードネットワーク」と呼ばれ、何もしない安静時に活動が活発になる脳の領域が複数ある**ことがわかっています。

では、なぜぼーっとしているときのほうが脳はよく働くのでしょうか？

「考えごとをする」など、何かを意識的にしているときは、その行動に関係のある脳の部位が活発になり、脳のエネルギーがそこに集中します。

エネルギーが一点に集まっているという状態です。

実は、脳としてはこの状態はあまり効率がよくありません。

一方で、ぼーっとしている状態というのは、エネルギーが全体に分散されています。**特定の部位にしかいっていなかったエネルギーがたくさんの場所に届くことによって、有機的な「つながり」が生**

まれてくるのです。

このつながりによって、それまでには結びつかなかったようなもの同士が結びついて、新しい発想、いいアイデアが瞬間的にひらめきます。

たとえるなら、夢を見ているときと同じです。夢の中では、現実ではありえない人やもの、シチュエーションが結びついて展開していきますよね。

脳全体が活性化されて脈絡のないつながりができることで、意識的な思考ではたどりつけない「すごいアイデア」が生まれるのです。

一方、意識的に「よし考えよう！」と意気込んで行動すると、脳がオーバーヒートして行き詰まりやすくなります。

キーワードは「無意識」です。ぼーっとしているときのように意識的に何かをしていないときほど、実は脳は水面下で一生懸命働いてくれており、素晴らしいパフォーマンスを発揮することができます。

探しものはあきらめたときに見つかる、なんてことがよくあるように、なんとかしないといけない！　そうして切羽詰まっている状態のときこそ、考える状態からいったん引いて、一度脳を休めてみてください。

私自身、このことを知ってからは根を詰めて考えるのではなく、いったん離れてみてぼーっとする時間をつくっています。そうすると、行き詰まっていた問題に「アイデアが降りてきた！」ということが起きるのです。

そのためには緩急が必要です。

ケンブリッジ大学のマクワースは、人間の集中力は30分しか続かないという発表をしています。続けて同じことをしていると、どんどんミスが増えていくのです。同じことを続けると、脳はすぐに飽きるというわけですね。

ですから、集中する時間、リラックスする時間を交互に取り入れていくことが、無意識と上手に付き合っていくことにつながります。

How to UNTHINK

よりよく考えるためには、「考えない時間」もまた重要である

THINK SIMPLY

CHAPTER 2

行動を最適化する

THINK SIMPLY

06

合理的な選択

「情報がたくさんあればいい選択ができる」わけではない

ラドバウド大学 ダイクスターハウスら

「人生は選択の連続だ」とよく言いますが、ものごとを決めるというのは大変なことですよね。悩みの多くは、「どうしようかなぁ〜」と判断に迷っているときのものだと言われています。

そこでこの2章では、いかに上手に選択をしていくか。迷う時間を減らし、素早くいい決断をする方法について見ていきたいと思います。

まずは、ものごとを選ぶときの基本的なスタンスを見ていきましょう。

あなたは買いものをするとき、仕事で何かを決めるとき、どのように決めるのがベストだと思うでしょうか？

情報をできる限り集め、もっともいいと思われるものを選びたい！　そう考える人が多いと思うのですが、**実は「ベストな選択」をするためにたくさんの情報を集める、時間をかけることは、かえってよくない選択をすることにつながることがあります。**

いったいどういうことでしょうか？

オランダのラドバウド大学の心理学者ダイクスターハウスらは、中古車を使った2つの実験を行いました。

最初の実験では4台の中古車を用意し、このうち1台だけが非常にお買い得な「当たり」の車になっています。実験の参加者たちにそれぞれの車のスペックを説明し、果たして当たりの車を選べるかどうか、という実験です。参加者は大きく、

①「よく考えて選ぶグループ」
②「選ぶための時間が少ない（制限時間が設定され、その前にパズルを解く課題をしてから決めなければいけない）グループ」

に分けられます。どちらのグループにも「燃費」「エンジン」など4つのカテゴリーについて車の説明をしました。

この結果、①「よく考えて選ぶグループ」のほとんどが「当たり」の車を選ぶことができ、②「選ぶための時間が少ないグループ」も半数以上が「当たり」を選ぶことができました。

しかし、この実験は前フリ。本命は次の第2段です。

第2段も同じシチュエーションで、4台のうち1台が「当たり」。①「よく考

えて選ぶグループ」と②「選ぶための時間が少ないグループ」の2グループで行います。

ただし最初との違いは、「説明する量」です。それぞれの車について説明するカテゴリーを12に増やし、より詳しい説明をしたのです。たとえば、トランクの大きさやドリンクホルダーの数などについても伝えました。

この結果どうなったかというと、①「よく考えて選ぶグループ」の中で「当たり」を選んだ人は25％を切りました。そもそも「当たり」は4台中1台（＝25％）なので、当てずっぽうに選んだのと大差ないという結果です。

ところが、**②「選ぶための時間が少ないグループ」は60％の人が「当たり」を選ぶことができました。**

いったい、何が起きたのでしょうか？

この実験を行ったダイクスターハウスは、同様のことをサッカーでも行いました。

参加者を3つのグループに分け、サッカーの試合の勝敗をそれぞれ予想してもらうというものです。

まず、①「よく考える」グループ。どちらのチームが勝つかしっかり予測する時間を与えられ、考えたうえで予想します。

次に、②「当てずっぽう」のグループ。完全なる勘でどちらが勝つか予想します。最後は③「短時間で決める」グループ。試合とは関係ない課題（パズルなど）をまず行ってから時間のない中で予想を行います。

この3グループで試合予想をしたところ、もっとも正解率が高かったのは、③**「短時間で決める」グループでした。その正答率は①と②のグループの3倍以上になった**と言います。

車とサッカー、いずれの実験でも、短時間で決めたグループの正解率が高いという結果になりました。この理由として、**短時間で決めなくてはいけないグループは、時間がない分、情報に正しく優先順位をつけて、合理的に選択できたのではないか**と考えられています。

たとえば中古車ならば、「燃費のよさ」、サッカーならば「FIFA世界ランキング」といったように、時間がないからこそ重要だと思われる指標を絞り、素早く優先順位をつけることで合理的な選択ができたのです。

一方、よく考えるグループに起きたのは情報過多による混乱です。

「ドリンクホルダーの数」や「選手にまつわるうわさ話」など、時間があるからこそ細かい情報に意識がいってしまい、**小さな欠点やマイナス要因が大きな問題のように見えてしまいました。**

そのために、ものごとをシンプルに、大局的に考えられなくなってしまったのです。

たくさんの情報を集め、十分に検討したほうがいい決断ができそうな気がしてしまうのですが、必ずしもそうではありません。

あれもこれもと検討を重ねているうち

に、最適でない答えにたどりついてしまうことがある、というわけです。

40ページで、考える力は「無意識のときにその力が発揮される」とお伝えしました。

意識的に考えようとしないでも、無意識下では情報の取捨選択が勝手に行われているのです。いずれの実験でも、時間が少ないグループは決定する前にパズルを行うなど別の作業をしていたのですが、そのような作業をしている間にも、実は無意識下では脳が考えてくれていたのです。

反対に、意識的に考えようとすると、「細かなこと」に目が向いてしまい、それがあたかも重大なことのように錯覚してしまうことがあるのです。

建設的で合理的な思考ではなく、重箱のすみをつつくような思考になり、不安が増長され、なかなか決断できない状況になります。

何事も万全を期すことは重要なのですが、「時間さえあればいい選択はできる」「情報は多いほうがいい」とは限らないのです。

一般的に仕事のできる人というのは、行動が早いですよね。しかし、かといって無鉄砲なわけではなく、なぜか最適な選択をしています。

「頭の回転が速い」「センスがいい」「直感で動いている」などと言われることもありますが、その本質は無意識を上手に使っているのではないかと思います。

優先順位をつけておき、細かいところには目を向けない（＝忘れていく）。このような習慣が思考のムダを省き、より素早い行動につながっているのです。

How to UNTHINK

情報が多すぎたり、検討の時間が長すぎたりすると、小さなことがどんどん気になってくる

THINK SIMPLY

07

意思決定と満足度

「やる」か「やらない」かの決断は、コインで決めても一緒

シカゴ大学 レヴィット

「情報は多すぎないほうがいいこともある」とお伝えしました。

ただ、そうは言っても、大事なことになるほど素早く判断するのは難しくなります。たとえば転職などのライフイベントがその代表ですね。正解か不正解かの指標が単純でないものほど判断が難しく、時間がかかってしまいがちです。

そんなときにヒントとなるこんな研究があります。

シカゴ大学の経済学者、スティーヴン・レヴィットは「人生の重要な選択の場面において、自分で決断できない人はどう決断すべきか」調査をしました。

そして、この調査のためにつくったのがあるウェブサイト。「コイン投げサイト」と呼ばれるもので、閲覧者たちが「今決めかねていること」を書き込み、画面上のコインを投げるというものです。

このコインの表が出たら「実行」、裏が出たら「実行しない」というメッセージが出るというとてもシンプルなつくりです。

レヴィットはこのサイトで1年かけて4000人の悩みを収集し、「コイン投げの決断によって人生がどう変化したか」ユーザーたちの追跡調査をしたのでした。

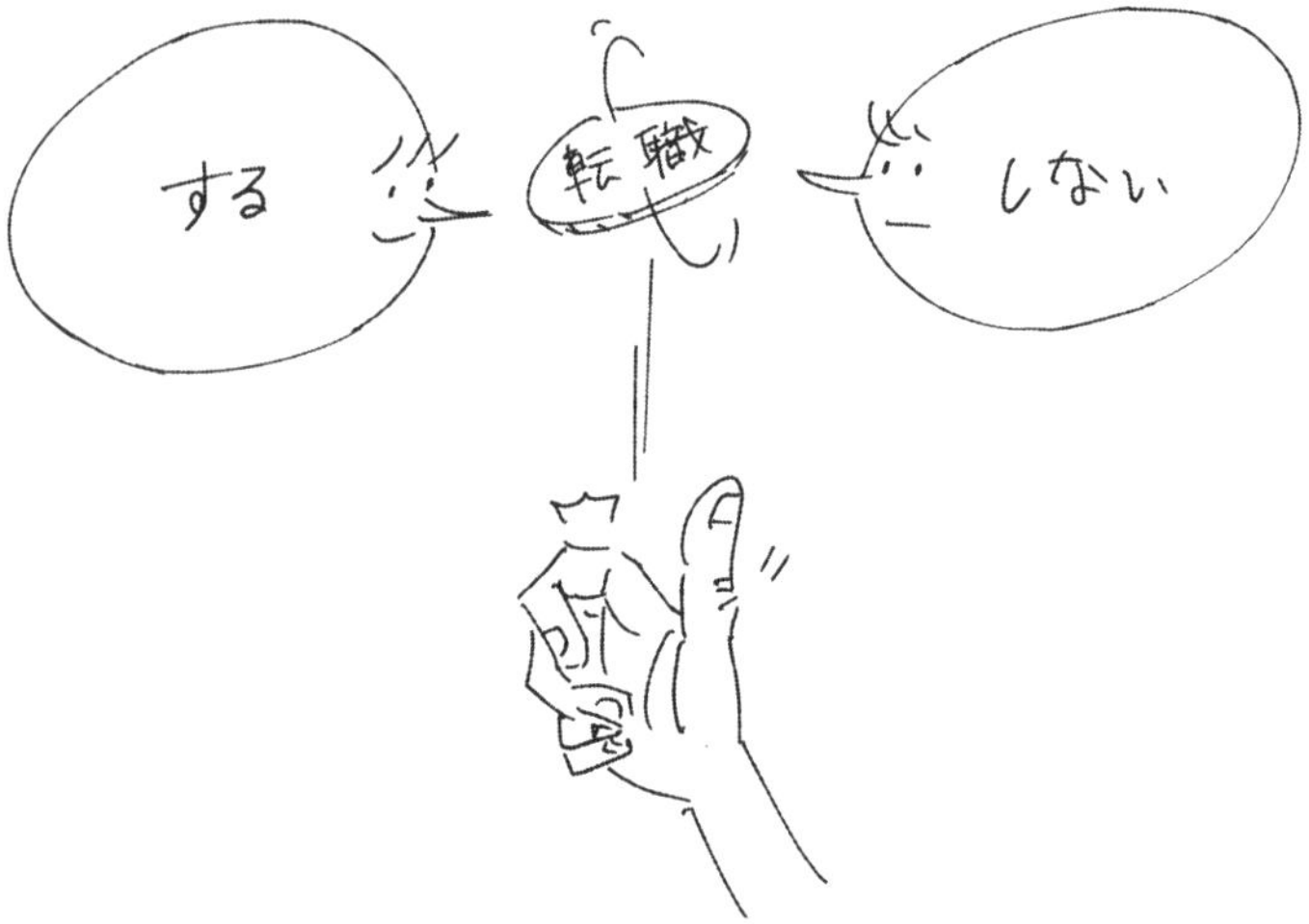

コイン投げで決めても幸福度は高くなる

書き込まれた悩みとして一番多かったのが「今の仕事をやめるべきかどうか」、次に「離婚すべきかどうか」で、驚くことにユーザーの63％がコイン投げの結果に従って行動していたのです。

さらに驚きの結果は、**コイン投げの結果が表だろうが裏だろうが、悩みの解決に向かって何かしら行動を起こした人は、半年後の幸福度が高い**ことがわかりました。

「会社をやめる」という決断をした人も、「やっぱりこのままがんばろう」と決断した人も、いずれのパターンでも幸福度は高くなったという結果が得られた、というわけです。

つまり、決断においては「どう決めるか」ではなく、「そもそも決められるかどうか」のほうが重要だということです。やると決める、やらないと決める、そうして腹をくくることが結局のところ人生の満足度を大きく左右します。

キャリア支援会社のアンケート調査によると「近い将来転職したい」と考えている人は93％という結果もあります。

もちろん、それがポジティブなキャリア設計のうちなのであれば何の問題もないのですが、「やめたいなぁ……でもなぁ……」と「宙ぶらりん」の状態はパフォーマンスを落としてしまう原因になります。

なかなか決断できないことで悩んでいるときは、たとえば「これから3ヶ月は今の仕事をやる！」とまず決めて、やめるかどうかはそのあと考えようなど、期限つきで選択をしてみるのもいいかもしれません。

なんなら、この実験のようにコインを投げて決めてみたっていいと思います。

停滞が「考えすぎる」原因の一つなのです。ぜひ、前進するために決断を大切にしてみてください。どう転んだって、結局はどうにかできてしまうのが人間なのです。

How to
UNTHINK

重要なのは、行動を決めること。まずは期限つきでも、やる・やらないの方針をつくろう

THINK SIMPLY

08

比較にまつわる研究

なぜ、ヒトは「比較する動物」になったのか?

フェスティンガーとムスワイラー

ものごとを判断するとき、人は情報を集め、「比較」をします。

かつては、比較して決めるというのはなかなか骨が折れることでしたが、今は買いもの、出かける場所、引っ越し先の選定など、何をするにも比較しやすくなりましたよね。

テレビ番組やネット記事などを見ていても、「ランキング特集」を毎日のように見かけます。すると、ついランキングの高いものを手にとってみたくなりますし、他の人と比べて自分の給料が低かったりしたらイヤな気持ちになってしまうのも事実です。「人間は比較する動物である」などと言われるゆえんですね。

ではなぜ、人はものごとに優劣をつけ、比較することが好きなのでしょうか？

アメリカの社会心理学者レオン・フェスティンガーはこのように言っています。

「人は、正確な自己評価を得るために社会比較をする」

フェスティンガーは、人が社会に適応していくには自分の置かれている状況や環境をよく知っていることが必要であり、まわりの環境の中での自分の立ち位置

位置づけがわかると役割もわかりやすい

を明確にするために比較をするのだと言っています。

つまり、社会で生きていくうえでは、自分が何者か、どんな存在なのかを知っておいたほうが何かと都合がいいということです。

このように、自分や他人の位置づけをすることを心理学では「社会的比較」と言っています。

この社会的比較を人がよくするようになった理由を、ドイツの心理学者ムスワイラーらはこのように説明しています。

「比べたほうが、認知効率がいいから」

たとえば、自分の身体能力がどれくらいか知りたければ、スポーツテストの結果を見たり、走ったときのタイムを比べたりすればわかります。学力ならばテストのスコアや順位を見ればすぐですよね。

しかし、これらを比較なしに割り出そうとすると、膨大な情報を処理しないとなりません。というかそもそも、客観的な指標を割り出すのは非常に難しいと思います。

人間というのは基本めんどうくさがりで、よく言えば効率主義なので、より省エネで判断するために社会的比較を行うということです。

そう考えると、比べることは人間が身につけてきた社会を生きるための重要な機能なのです。

とはいえ、この機能にふりまわされるのも考えものですね。いつまでもものごとを決められなかったり、自己評価やモチベーションを下げたりする原因にもなります。

過剰な比較をなくす一番の方法は、「そもそもの情報量を減らす」ことです。

比較を本当にやめるとしたら、無人島のような場所で一人で暮らすなど、人と

情報と距離を置けば比較しない

のかかわりを減らし、情報も一切入ってこない環境に飛び込むのが有効な手段となります。

……が、なかなか現実的ではありませんね。そこで、完全遮断はしないまでも、情報が入ってくる量を制限するようにします。

たとえば、SNSを開いたときにイヤな気持ちになるようなことがあるのであれば、いっそ使うのをやめてみるとか、見る頻度を落とすのも一つの手です。見なくなれば、比較はしないのです。

スマホを見たとき、ついアプリを開いてしまうという無意識の行動をやめてみたり、1日中スマホやパソコンにはさわらなかったりしてもいいと思います。

関連した研究で、ノースカロライナ大学のセディキーデスとストルーブは、**7割の人が「自分は平均以上」だと考えているという研究を報告しています。**

これは「優越の錯覚」と呼ばれるバイアスで、2割程度の人は自分を過大評価しているということです。平均以上でありたい、という思いがそれほど強いということですね。

一方、「優秀な人ほど自分のことを低く評価する」という研究もあり、ダニングとクルーガーが学生を対象にした実験では、成績上位25％以内の人は、平均して「上位30％程度にいる」と過小評価していたという報告があります。

いずれにせよ、比較というのはもともと人間が身につけてきた「便利な機能の一つ」であり、比較してしまうのは「そういう仕組みなんだな」と軽く捉えておくのがよさそうです。

結局のところ、社会的評価というのは誰かがつくったルール・指標なのですから、所属組織が変わったり、時代が進めばその基準も変わります。絶対的なものではないのです。

その程度のものだと考えるようにすると、より自分自身の基準について目が向きやすくなるのではないでしょうか。
なんでも比較して決めるのではなく、時には直感的・感覚的にものごとを決めていくのもいいかもしれません。

How to UNTHINK

便利だから、比較しているに過ぎない。疲れたときは、情報を制限しよう

THINK SIMPLY

09

行動と焦りの関係

「損しないように」と行動したとき判断ミスは起きる

北海道大学 村田

「急《せ》いては事を仕損じる」と言います。

ケアレスミス（注意不足によるミス）と表現されるように、ちょっと注意すれば何の問題もないはずのことでも、慌てることによってミスが起きてしまうことはありますよね。

では、人はどういうときに慌てて、ミスを起こしてしまうのでしょうか？

北海道大学の村田は、学生を対象にこんな実験を行いました。

モニターに矢印が映り、手元にあるボタンを使って同じ向きの矢印を押すというもので、この作業を次の3つのグループに分かれて行いました。

①「正解しても失敗しても特に何もないグループ」
②「報酬500円からスタートし、間違うか時間内にボタンを押せないと、1回につきマイナス2・5円引かれる『罰金制』のグループ」
③「報酬0円からスタートし、1回正解するごとに2・5円もらえる『成果報酬』のグループ」

「報酬」や「罰金」が、ミスと関係あるかどうかを調べる、という実験です。

この結果、**②の「罰金制」のグループだけが、①と③のグループに比べて大幅に低い正答率となりました。**

通常なら難なくできることであっても、「時間内に正解しなければ報酬が減ってしまう」というプレッシャーから焦りが生まれ、ミスが増えてしまったわけです。

村田は、関連してこんな実験も行っています。

参加者は元金2000円を受け取り、ギャンブルを模したゲームを行います。

特製の装置を使い、参加者は「10円」か「50円」か2つの選択肢から一つを選びます。そして、装置のほうで「当たり」が出るとその金額をもらえる、「ハズレ」が出るとその分お金を損する、というものです。

この結果、「50円損した」ときには、次も「50円」を選ぶ確率が高い、ということがわかりました。つまり、**大きな損をするとそれを取り返そうとしてリスクをとりにいってしまう**ということです。実際のギャンブルに置き換えれば、大きなお金を賭けて損するほど、その損を取り返そうと躍起になってしまうというわけです。

投資には「損切り」という概念がありますが、これは株価などが下がって上昇が見込めないときに「もう損したものはしょうがないからあきらめよう」と、早めに見切りをつけて損を確定させるというものです。

投資の初心者が身につけるべきルールの一つ、とも言われています。

逆に言えば、初心者ほど損切りが決心できず、ずるずると損を拡大させてしまう、ということですね。

どうやら人間というのは、「損」「得」の中でも、「損をする」ことのほうに敏感に反応をするようです。

詐欺やセールスなどでも、「今なら儲

かる！」「今なら安い！」というのは常套句ですよね。これらに反応してしまうのも、**「得をするから動く」というよりも、「今行動しないと、損をしてしまうかも！」という焦りがモチベーションになっている**のかもしれません。

冷静に行動するには、この損に対する反応を知り、意識的に衝動をおさえていくことです。焦っているときほど焦りのままに判断をするのではなく、ちょっと時間を置いてみましょう。損を気にして衝動的に動いてしまうことが、もっと大きな損につながる可能性のほうが高いのです。

How to UNTHINK

目先の損を気にしているときが一番危ない。慌てて決めず、一呼吸置こう

THINK SIMPLY

10

記憶と判断力

ものごとは細かく記憶するより、「ざっくり」覚えるほうが判断が早くなる

トロント大学 リチャーズ

仕事のことにしろプライベートのことにしろ、難しい判断を迫られる場面が人生には必ずやってきます。

そんなとき、「パッ」と判断できる人もいれば、なかなか判断できない人もいます。いったい、その差はなんなのでしょうか?

要因の一つとして、「記憶の仕方」があるのではという研究があります。

トロント大学のリチャーズらによると、**ものごとの記憶はすべてを詳細に覚えるのではなく、ディテールは忘れてざっくり記憶したほうが意思決定が早くなる**と報告しています。

というのも、脳のキャパシティーには制限があります。

より重要なことを判断するためには、このキャパシティーは空けておいたほうがよいのですが、細かいことを記憶するとキャパシティーがいっぱいになり、柔軟な思考ができなくなるというわけです。

46ページで情報量は少ないほうがいい判断ができるとお伝えしましたが、同じような原理ですね。

脳はよくできていますから、詳細は覚えていなくとも「あのときって、こういう感じだったよね」とざっくりと記憶しており、その経験を抽象化することができます。

つまり、**似たような出来事を積み重ねていくことでパターン化したり、法則化したりして、ものごとの優先順位を自然につけてくれるのです。**

勉強もそうかもしれませんが、すべて丸暗記ではなく、大事なこととそうでないことをグラデーションで分けて、「ポイント」で記憶していくのが考えすぎないコツの一つと言えそうです。

How to UNTHINK

詳細に覚えるよりも「だいたいこんな感じ」で記憶する習慣をつけていくと、思考が効率化する

THINK SIMPLY

11

本能と思考

思考を重視すると「利他的な行動」をとれなくなる

玉川大学 坂上ら

人間には、利益を独占しようとする人もいれば、利益を分け与える人もいますよね。もっとカンタンに言えば、メリット・デメリットで行動する人と、損得関係なく行動できる人、という違いです。

ものごとの判断にも大きな影響を及ぼすところですが、果たしてこの差は遺伝子なのか性格なのか……玉川大学の坂上らは実験で両者の脳の違いを明らかにしています。

行われたのは、お金のやりとりをするゲームを使った実験です。

このゲームでは、「もらえるお金（報酬）」が設定されており、参加者はランダムにペアを組んで進めます。

プレイヤーには「協力する」と「協力しない」という2つの選択肢があり、「協力する」を選ぶと、自分のもらえる報酬からお金が引かれます。しかし、減った分のお金の2倍の金額が相手にいきます（自分の報酬から100円引かれ、そのかわり相手に200円いく）。一方、「協力しない」を選んだ場合、報酬は減りません。

このゲームは、まず一人目が先に相手と協力するかどうかを決めます。そして、ペアとなった人は相手の選択を知らされたうえで、協力するかどうかを決めることができる、という形式で進みます。

このゲームのおもしろいところは、Aさんが先に「協力する」を選んだのを受け、Bさんは「協力する」も選べますし、「協力しない」（＝裏切り）も選べるところです。

例として、AさんとBさんどちらも「協力する」を選んだ場合は、どちらも100円ずつプラスになります。

一方で、Aさんが「協力する」を選んだのに、Bさんが「協力しない（裏切り）」を選んだ場合、Aさんは100円マイナスで損をしますが、Bさんだけ200円プラスで得をする、ということになります。

つまり、「協力する」を選択すると一時的にお金は減るのですが、さまざまな相手と「協力する」を選び続ければ全員が「もらえるお金」を増やせるのです。ただし、**より効率的にもらえるお金を増やすには裏切りを積極的にしたほうがいい**、ということになります。

このゲームを通して、参加者たちの脳の活動を見たのです。

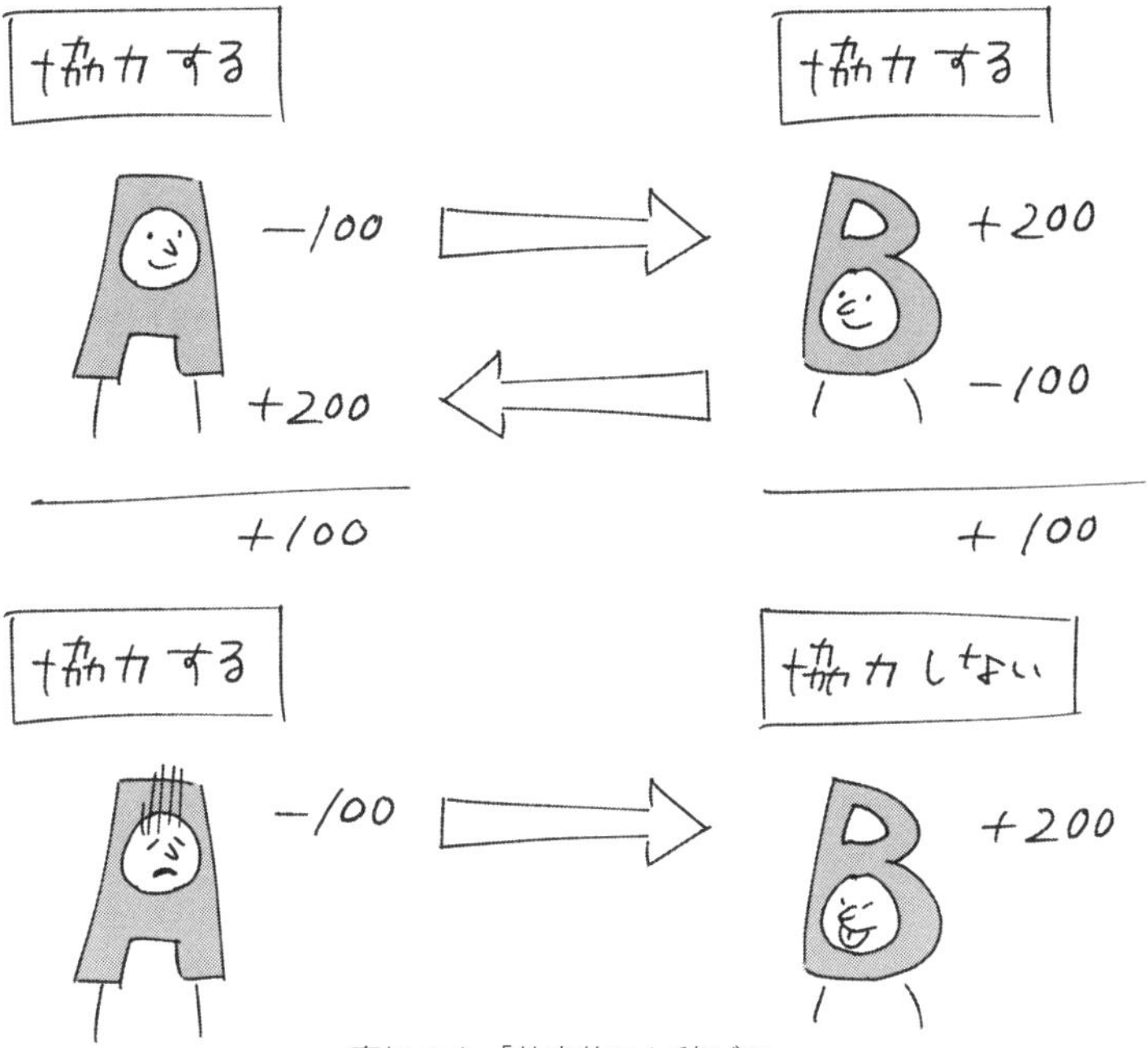

裏切ると「効率的に」稼げる

活動を見る箇所は2つで、大脳新皮《だいのうしんひ》質《しつ》の一部である「背外側前頭前野《はいがいそくぜんとうぜんや》」と、大脳辺縁系《だいのうへんえんけい》の一部である「扁桃体《へんとうたい》」です。

前者の大脳新皮質とは理性をつかさどる新しい脳です。冷静に、合理的に考えるための機能を持っています。「考える脳」とも言えるでしょう。

一方、扁桃体を含む大脳辺縁系とは、多くの生物が持つ原始的なものです。感情や欲求など、いわば「本能」をつかさどっています。

この2つを比べることで、利他心がどのような脳の活動から起こっているかわかるという実験です。

この結果、「自分の利益を優先する（＝「協力しない」を選ぶ）」傾向が見られた人は背外側前頭前野（考える脳）が扁桃体（本能の脳）より大きいことがわかりました。選択をするときにも背外側前頭前野が強く活動しているのが見られたのです。

一方、「協力的な人」はその逆で扁桃体のほうが大きく、選択するときには扁桃体が強く活動していたのがわかりました。

これはつまり、自分の利益を優先する人は合理的な思考を重視していた一方、協力的な人はより直感的に選択をしていた、ということです。もっとシンプルに言うと、**「頭で考えていない人」のほうが協力的だった**、ということです。

脳の活動は、日々の生活、習慣などで活動する場所が変わり、そして活動する場所ほど大きく発達します。

日常でメリット・デメリットを意識することが多い人は、もしかすると「考える脳」が活発になっているのかもしれません。

仕事などでそうした思考が必要とされることが多いのかもしれませんが、そういう傾向のある人はプライベートなどでは損得関係のない付き合いをしてみるのもいいのではないでしょうか。たまにはボランティア活動などをしてみてもいいかもしれません。

損得を重視して動いていると、損をしたときのリスクを過剰に考えてしまうのです。

たとえば世界でお金持ちと呼ばれるような人の不安の一つは、「お金を失うこと」だと言います。巨額の財産を築き、もう一生安泰だ！　という額のお金を持っていたとしても、「このお金を失ったらどうしよう」という不安にかられてしまうのです。

だからこそ、焦ってお金を増やそうとし、お金を失ったときには大きな恐怖を感じます。その不安のせいで、すぐそばにある幸福を感じづらくなってしまうというのは昔からよくある話ですよね。

考えることは重要なのですが、頭でっかちになりすぎると、それはそれで人生の幅を狭めてしまうことにもなるのです。

情けは人の為ならず（親切はまわりまわって自分に返ってくる）と言います。

社会心理学的にも、「好意の返報性」といって、人は好意的に接してくれる人には好意的に接し返すという傾向があることがわかっています。

人は一人で生きているのではありません。夏目漱石の『草枕』の冒頭に「知に働けば角が立つ」とあるように、理知的すぎると人間関係には摩擦が起きてしまうのです。人との関わり合いにおいては、ぜひ考えることと、考えないことのバランスを心がけてみてください。

How to UNTHINK

損得は「思考」。利他は「本能」。2つのバランス感覚が人生の選択肢を増やすことにつながる

THINK SIMPLY

CHAPTER 3

不安から「冷静」へ

THINK SIMPLY

12

ネガティビティ・バイアス

なぜ、ニュースでは悪い話ばかり流れるのか？

ミシガン大学アンアーバー校 ソロカら

世の中、悲観的、否定的なニュースばかりですよね。たまには明るいニュースを流してくれと思うかもしれませんが、ここにもどうやら人間の心理が働いているようなのです。

ミシガン大学アンアーバー校のソロカらが行った世界17ヶ国を対象にしたこんな実験があります。

参加者たちにはパソコンでBBCのニュースを視てもらい、そのときの皮膚の電気反応と脈拍を計測するというものです。

この結果、**悲観的なニュースへの反応ほど大きいことがわかりました。**個人差もあったのですが、全体の傾向としてポジティブなニュースよりもネガティブなニュースに意識が向かいやすいと報告されています。

この研究に関連して、オハイオ州立大学のイトウらも、そもそも人間の脳はネガティブな情報がより目につきやすく、先に処理するという傾向があると伝えています。

このように人が否定的にものごとを捉える傾向を「ネガティビティ・バイアス」と言います。**ネガティブな情報にほど注意が向き、脳が活性化されやすい**ということです。

このような機能があるのは、生物として悪い情報を処理するほうが危険回避につながり、生存確率を高められるためだと考えられています。

これらの結果から考えると、日常的にネットでもテレビでもネガティブなニュースが多いのは、そのほうが人がよく反応するから（視聴率やページビュー数が高くなるから）かもしれません。

報道する側・ニュースをつくる側からしたら、反応が大きいほうが収益にもつながりますので、意図的に人の反応の集まりやすい情報を大きく扱うというわけですね。

また、そのニュースを目にした私たちは意見を持ち、「世論」という形になり、それがさらに世の中の空気になっていくのです。

世界中でこの傾向は見られるようで、何か大きなイベントがあるときに「不謹慎」「自粛」というムードがただようのも、このネガティビティ・バイアスが少なからず影響していることでしょう。この機能も人間に必要なものだからこそ備わっているわけですが、受けているストレスが強いときにはよりネガティブなほうに働いてしまいます。

ニュースを見て落ち込む、イヤな気持ちになることがある、そんなときはメディアから距離を置きましょう。

そのかわり、勉強に時間を充てるとか、「いつかやればいいや」と思っていたことを思いきって始めてみるとか、別の行動に変換してみてください。

そうして少し時間や距離を置くと、脳も冷静さを取り戻し、「あれ？　そんなに不安になること？」と考え直すこともできるのです。

この3章では、このような不安やネガティブな感情に対処し、冷静さを取り戻すための方法について見ていきます。

How to UNTHINK

イヤな気持ちがするときは一度ネガティブな情報から離れよう

THINK SIMPLY

13

感情のシステム

イライラについて考える時間が長いほど、イライラは増幅する

ミシガン大学 ブッシュマンら

最近、イライラしたことはありますか？

……と言ってはみたものの、日常ではできるだけイライラしたときのことは考えないでほしいのです。

というのも、**イライラしたことについて考えだすと、連鎖的にイライラが起こる**という研究結果が出ています。

ミシガン大学のブッシュマンらは、怒りについてこんな実験を行いました。

この研究は3段階からなっているもので、まず第1段階です。参加者を大きく

①「イライラについて考えるグループ」
②「考えない（別の関係ないことを考える）グループ」

に分け、そのあと作業を行ってもらいます。

すると、①「イライラについて考えるグループ」の人は、関係ないことを考えていたグループの人よりも仲間に攻撃的になったのです。不器用な人に対してイヤミを言ったり、批判したりしたと言います。この傾向は、①**のイライラについ**

イライラについて考えると攻撃的になる

て考えるグループの人にだけ見られました。

この実験をふまえ、第2段階では、より参加者を増やして同じことを行いました。やはり結果は同じで、イライラについて考えた人にはちょっとしたことで起きる「八つ当たり」が見られたのです。

そして第3段階。この実験が前段階の2つと違うのは、「イライラについて考えるグループ」の人になんと8時間もイライラについて考えさせたことです。

いずれの実験でも、イライラについて考えていた人はちょっとでも不快なことが起きると他の人を攻撃するという傾向が見られました。

つまり、イライラはイライラを呼ぶということです。気に入らないことが起きたり、不快になるようなことが起きたりすると、より攻撃的になります。

不安は怒りの感情も引き起こします。過ぎたことについてもんもんと考えていると気づいたときには、まったく関係のない作業を始めるなど、意識を別のことに持っていくような習慣、スイッチをつくるといいでしょう。

とにかく、イライラから意識をそらす。これが最優先なのです。

How to UNTHINK

ネガティブな感情を態度に出すと、その感情はより強化されてしまう

THINK SIMPLY

14

冷静な思考

感情が乱されたときは「10」数えてリセットしよう

ノースウェスタン大学 フィンケルら

前項でお伝えしたように、怒りというのは日常で私たちの判断をあやまらせる原因にもなりますし、あらゆるトラブルのもとにもなりますよね。

さまざまな研究で、怒りやイライラは行動に出す（怒声やモノに当たるなど）と八つ当たりしてしまったり、よりネガティブな感情を起こすという結果が出ています。ですから、怒らないほうが自分にとってもよいのです。

では、具体的に怒らないためにどうすればいいかというとカンタンです。

心の中でゆっくり「10」数えてください。このとき、「1」「2」「3」……と、カウントにだけ意識を向けます。

この方法はノースウェスタン大学のフィンケルらが、怒りをおさえるのに効果があったとして発表しているものです。

現在、脳科学では怒りのメカニズムの解明がかなり進んでいます。

私たちは怒りを覚える出来事があると、脳内で神経伝達物質であるアドレナリンやノルアドレナリンが分泌されます。顔が赤くなったり、血圧が高くなったり、心臓の鼓動が早くなったりするのもこれらの神経伝達物質によるものです。

しかし一方で、脳はこの怒りを抑制する機能も持っています。これは主に前頭葉によるもので、前頭葉が働くと感情の爆発を冷静な思考でおさえてくれます。

ただ、前頭葉はすぐには働きません。感情がわいてからだいたい4〜6秒かかることがわかっています。

逆に言えば、**最初の4〜6秒をやり過ごせれば、感情に流されずに冷静にものごとを見られる**というわけです。この対処法は怒りだけに限らず、恐怖やねたみなどのネガティブな感情にも同じことが言えます。

気持ちがず〜んと重くなったりしたときも、その気分に意識を向けるのではなく、まずは息をふ〜っと吐いて、10ゆっくり数えてください。

欧米の小学校教育などでは感情的になった生徒に対して「Take a few deep breaths.（深呼吸をして！）」と先生が3回深呼吸させるという注意方法があるのですが、これも呼吸に意識を向けさせて、時間を経過させる目的があると考えられます。

アクション自体は、「10数える」でも「3回深呼吸」でも「水を飲む」でもしっくりくるものでよいと思うのですが、あらかじめ行動を決めておき、いつも同じようにするのがおすすめです。

「オペラント条件づけ」と呼ばれるもので、同じ条件で同じ行動を繰り返すことで、脳がパターン化されるという性質があります。

つまり、「感情が乱れたときは、10数える」＝「冷静になれる」というシステムができてくるので、より効果的に感情をおさえることができるのです。アスリートが競技のときに行うルーティンと同じ原理ですね。

How to UNTHINK

ネガティブな感情には、時間を経過させなおかついつも同じアクションで対処する

THINK SIMPLY

15

理性的に考える

八つ当たりされたときは事実の「捉え直し」をしよう

スタンフォード大学 ブレッチャートら

ネガティブな感情への対処法をお伝えしましたが、時と場合によって難しいこともあるかもしれません。

たとえば家族など身近な人の機嫌が悪かったり、仕事で上司やお客さんに理不尽な八つ当たりをされたりしたとき、どうでしょうか。無心で動じず……というわけにはなかなかいかないですよね。

そうやって人に強い感情をぶつけられたとき、どうすればよいでしょうか？

スタンフォード大学のブレッチャートらの行ったこんな実験があります。

この実験では参加者を3つのグループに分けて、それぞれ人の表情を見せます。

①「通常時の表情を見るグループ」
②「怒った表情を見るグループ」
③「怒った表情を見て、その原因を考えるグループ」

この3つのグループの参加者たちの脳の活動を比較したのです。

その結果、もっともネガティブな反応を示したのは、②の「怒った表情を見たグループ」でした。怒りの表情というのは人のネガティブな感情を誘発するのです。

一方、①「通常時の表情を見たグループ」にはネガティブな反応は見られませんでした。そして驚きなのは、③のグループです。**③の「怒った表情を見て、その原因を考えるグループ」には、ネガティブな反応は見られず、①の「通常時の表情を見たグループ」と同程度の反応になった**のでした。

いったい、何が起きたのでしょうか？

③のグループは、「この人は仕事で上司に怒られたんだろうな……」などと人が怒っている原因を考えるトレーニングをしてこの実験にのぞみました。つまり、**「怒りをぶつけられている原因は自分ではなく、他にある」と事実を捉え直す訓練をした**のです。

ネガティブな反応を示しているときの脳の活動を見てみると、頭のうしろ（後頭）の活動が活発になります。②の「怒った表情を見たグループ」の参加者はみなここが活発に動いていました。

しかし、③のグループが捉え直しをしているときの反応を見てみると、後頭の活動は落ち着いていて、かわりに頭の前側にある「前頭葉」が活動していました。

ここが、大きなポイントです。

前頭葉は、人が進化する過程でできた「新しい脳」。つまり、「論理思考」を可能にする場所です。怒っているという事実をそのまま受け止めると感情（後頭）が刺激されるのですが、**「本当の原因は別にある」と理性的に捉え直すことで、感情を生み出す脳の部位の活動がおさえられ、ネガティブな反応をしなくなりました。**新しい脳で考えることによって、古い脳に考えさせなくするわけです。

何事も捉え方次第なんて言いますが、これはあながち間違いではありません。

人の怒りには必ず理由があり、それは自分の思いどおりにいかないことがあるなど、不安や恐怖を感じているときに起きる反応です。ほとんどの場合、本人自身の問題なのです。

ですから、不本意な八つ当たりを受けたときは、ぜひ捉え直しを実践してみてください。

「奥さんが家を出てったんだろうな……」

「昨日飲み屋でぼったくられたんだな……」
「株が大暴落で大負けしてるんだろうな……」

などなど、事実である必要はまったくありません。とにかく理由づけをするのです（強いて言うなら、ユーモアのあるほうがより楽観的に捉えられていいかもしれません）。

このように前頭葉を働かせるトレーニングをすることで、人のネガティブに巻き込まれづらくなります。

How to UNTHINK

理由づけする訓練をすることで前頭葉が効率よく働き、冷静になる技術が身につく

THINK SIMPLY

16

辺縁系と新皮質

感情を書き出すことで不安は軽減される

南メソジスト大学 ペネベーカーら

願いごとや悩みは「書き出すといい」と言われます。この話を聞くと、根拠のない精神論だろうと感じる人もいるかもしれませんが、実は認知行動療法でも使われることのある方法で、特に不安の解消法としてはとても有効だという研究結果が報告されているのです。

シカゴ大学のラミレスとベイロックは2011年に『Science』でこんな研究を公表しています。

大学生を対象にテストを受けてもらう実験なのですが、最初に「予備テスト」を受けてもらい、そのうえで「本番」のテストにのぞんでもらいます。この本番のテストで、学生たちが不安やプレッシャーを感じる仕掛けをしました。

テストの内容が難しいことに加え、そのスコアによってお金がもらえること、さらにはテストを受けているときの様子をビデオで撮影し、その映像をあとで教員と学生とで見るというルールをつけたのです。

この状況下でテストを受ける参加者は3つのグループに分かれ、テスト前の10分間それぞれ別々の行動をしてもらいます。

①「何もせず静かに座って時間を過ごすグループ」
②「テストについての自分の感情、考えを書き出すグループ」
③「今の気持ちなどとはまったく関係ないことを書き出すグループ」

そして、それぞれのグループの正答率を予備テストの結果と比べるという実験です。

結果はどうなったかというと、①「何もせず座っていたグループ」と③「気持ちとは関係ないことを書き出したグループ」の正答率は、予備テストと比べて7％低くなった一方で、**②「感情や考えを書き出したグループ」の正答率は4％高くなった**のです。

たとえば高校や大学の受験や資格試験などは1問2問の差で合否が変わってくることもありますので、この正答率の差はなかなか大きな結果と言えるかもしれません。

では、なぜ感情や考えを書き出すことがいい結果につながったのでしょうか？

お伝えしているように、ネガティブな感情は脳の大脳辺縁系《だいのうへんえんけい》という部分でわき起こります。この感情をおさえるのが、「考える脳」の大脳新皮質《だいのうしんひしつ》です。感情をコントロールするには、この大脳新皮質をいかに働かせるかがポイントになってきます。

その点、不安な感情や考えを書き出すというのは「思考を働かせて分析する」作業です。分析しているときには、大脳新皮質（その中でも特に前頭葉）がよく働きます。つまり、不安を書き出したグループは、思考を分析する作業によって前頭葉を働かせ、冷静さを取り戻すことができたのです。

関連した研究は他にもあります。テキサス州にある南メソジスト大学のペネベーカーらは、書き出すことによる感情の変化を実験しています。

参加者を

①「毎日自分のネガティブな感情について書き出すグループ」
②「感情ではなく、部屋の様子など事実を書き出すグループ」

に分け、毎日書き出すというワークをしてもらったのです。

この結果、「1日15分、ネガティブな感情について書き出す」ことを4日間続けると、一時的にはネガティブな感情が強まるものの、長期的にはポジティブになることがわかったのです。

さらに実験から4ヶ月後、「自分の感情について書いたグループ」と「部屋の様子などを書いたグループ」とを比べると、前者には気分や感情の改善が見られ、体調不良を感じる日数や健康センターへの訪問回数までも少なくなっていました。

書き出すときのポイントとしては、「洞察語」を使うことです。

洞察語とは、「思う・感じる・わかる」

などの思考や理解に関する言葉のことで、これらを多く使った人ほどネガティブな感情が軽減されることがわかっています。

テスト前の不安を書き出すことと同じで、要するに自分の考えや感情をより深く掘り下げて書くことが重要なようです。

日記をつけるような要領で習慣化していくと言語化の精度もどんどん高くなっていくでしょうから、より感情のコントロールに効果があると思われます。

夜眠る直前にやってしまうと気になってしまう人もいるかもしれないので、そういう場合は日中であるとか、お風呂に入る前などのタイミングに試すのをおすすめします。

How to UNTHINK

感情は客観的に分析することで落ち着く（その際は、〜と思う、〜と感じるなど洞察語を使う）

THINK SIMPLY

17

欲望を止める

衝動に駆られたときには30秒の「タッピング」がきく

ニューヨーク市聖路加病院　ウェイルら

ストレスが溜まると、人はさまざまな衝動にかられます。

たとえば「無性に甘いものが食べたい！」とか「ジャンキーなものを摂りたい！」なんていうときがないでしょうか。そんな生理的な衝動をカンタンにおさえる方法があると、ニューヨーク市聖路加病院のウェイルらが発表しています。

その方法とは、ずばり「タッピング」です。

タッピングとは、手の指全体で「トントントントン」と軽く叩くように動かす動作のことで、このタッピングを額に向けて30秒行うと「暴食」の衝動が半分におさえられるという研究結果が報告されています。

タッピングする場所は耳などでもよく、さらには「壁を叩く」ことでも3分の2程度におさえる効果があるとのことなので、やはり意識をそらすこと、また時間を経過させることで理性を働かせることができる、ということなのでしょう。

同様の研究はプリマス大学のシュコルカ・ブラウンらからも発表されています。

この実験では、参加者に1週間、1日3分以上スマホで「テトリス」をプレイしてもらいました。その結果、食べもの、お酒、タバコ、性欲、またドラッグや遊びに出かけるといった衝動的な欲求が5分の1までおさえられたと言います。

タッピングで衝動がおさまる

参加者は1週間で平均40回以上プレイしたのですが、継続して効果があったそうです。

テトリスはパズルとしての難易度がほどよく、思考的にも視覚的にも意識が集中することがよいのではと考察されています。

暴飲暴食、嗜好品への依存や遊びなどといった衝動的な行動というのは、クセ（＝悪い習慣）として身についていることがほとんどです。

これじゃあいけないな……と思うクセが出そうになったときは、ここで紹介したタッピングや、スマホにテトリスのアプリを入れて遊んでみてください。

そう言う私も手持ち無沙汰になると、ついついお菓子を食べてしまうクセがあります（笑）。試しにタッピングとテトリスをやってみましたが、どちらもたしかに効果があります。

時間を置くことで「無意識のまま行動する」が「意識してから行動する」になるので、「本当にいいのか？」「これ何キロカロリーだっけ？」と、理性的に考えられるのです。客観的なクセの見直しにもなると思います。

感情の波を落ち着けるのにも役立つと思いますので、落ち込みやイライラなどネガティブな感情に襲われているときにも、ぜひ試していただければと思います。

How to UNTHINK

衝動的な欲求は、一時停止！ 悪いクセを「よい行動」に書き換える

THINK SIMPLY

18

情報との距離感

フェイスブックをやめると幸せになる

コペンハーゲン大学 トロムホルト

あなたは日常でSNSを利用しているでしょうか？　誰でも自由な発信ができるようになった一方で、「SNS疲れ」なんていう言葉も生まれていますよね。

そんな中、こんな興味深い実験が行われました。2015年、デンマークのコペンハーゲン大学でトロムホルトが行った「フェイスブック」をテーマにしたものです。

フェイスブックのアカウントを持つ参加者たち1095人を対象に、

①「フェイスブックを使い続けるグループ」
②「フェイスブックを使わないグループ」

に分け、1週間後の生活の満足度を調査する、というものです。

実験に際して、フェイスブックの日常的な使い方（自分からよく投稿するほうか、閲覧中心か、ログインの頻度など）、生活の満足度、感情の度合いなどについてアンケートをしました。

1週間後の結果はどうなったかというと、②「フェイスブックを使わなくなったグループ」は生活・人生の満足度が高くなり、さらに感情もポジティブになったと言います。

この傾向は、特に「閲覧中心」でフェイスブックを利用していた人に見られたそうです。その中でもさらにヘビーユーザー（ログイン頻度や滞在時間が長い人）で、かつ他人の投稿をうらやむ気持ちがある人ほど傾向は強くなりました。

別の項目でもお伝えしたように、人は「社会的比較」を行う生き物です。つまり、周囲のことを見ることで、自分がどのへんにいるのかという立ち位置を明確にしようとします。

この能力が高い人ほど、SNSを利用する頻度が高くなることで比較が過剰になり、感情が乱れたり、疲れたりしてしまうのでしょう。

たとえば、自分の投稿への「いいね！」などの数が気になったり、他の人と比べたりしてしまうような人は要注意かもしれません。

もし、ご自身にそういう傾向があるなぁと思われる場合は、閲覧頻度を下げてみたり、いっそのこと、この実験のように一定期間ログインしないようにするのも手ではないでしょうか。

私の身近でもＳＮＳをやめたという人もおり、「やらなくなったら気持ちがラクになった」「結構な時間をＳＮＳに使ってたんだとわかった」といった感想もよく聞かれます。

情報を過剰に入れるから、悩みますし、考えてしまうのです。心が乱れているとき、疲れているときは、やはり情報量を絞るのがおすすめです。

How to UNTHINK

疲れているときは、「閲覧時間の制限」「一時休止」を試してみよう

THINK SIMPLY

19

人間関係の情報処理

やってはいけないことは、「情報を邪推」

メラビアンの法則より

人間関係では、直接言い争うことはなくても、相手の態度によっていろいろと考えてしまう場面があるかもしれません。

いったい、どうすればよいでしょうか？　考え方のポイントは、やはり「情報」です。

人間同士のコミュニケーションも、つまりは情報のやりとりです。話す内容だけではなく、相手の表情や視線、声の高さや大きさ、身ぶりや手ぶりなどもすべて情報で、それらの情報を通して私たちはコミュニケーションをとっています。

割合は学説によって異なりますが、もっとも有名な「メラビアンの法則」を例にすると、言葉だけで伝わる情報は30％程度だと言われています。

同じ「ありがとう」という言葉でも、自分の顔を見て笑顔で「ありがとう」と言われるのと、別の作業をしながらそっけなく「ありがとー」と言われるのでは心象がまったく違ってきますよね。

言葉も大切なのですが、言葉以外の「非言語情報」はコミュニケーションにおいてとても重要だということです。

たとえば、メールやSNSなどで考えてみましょう。文字中心のやりとりでは、前述の非言語情報がごっそり省かれてしまいます。

そのため、表現に注意しないと誤解が生まれやすくなるのです。「！」「？」などの記号や絵文字、スタンプが非言語情報を補うツールになりますが、これらがまったくないと、言葉がきつく見えたり、冷たい印象を与えやすくなります。

このようなコミュニケーションの前提を知ったうえで、自分が受け取り手になったときの受け止め方を考えてみてください。

日常の中で、相手のちょっとした態度（言い方など）やメールのやりとりなどで、「なんか冷たいなぁ」とか「失礼な感じ！」と感じ取ってしまうことがあるかもしれません。

ですが、好き好んで争ったり、自分からケンカをふっかけたりするような人なんてほとんどいないのです。つまり多くの場合、相手に他意はありません。

そっけない態度、イヤミに見える態度の裏には、「気を配る余裕がない」とか「忙しくて大変」とか、そうした事情があるだけで、特別な意図が込められているわけではないのです。

しかしながら、こちらが**足りない情報を邪推して「自分は攻撃されている」と**

か「相手が冷たい。怒っているに違いない！」とか考えてしまうと、思い違いが生まれやすくなってきます。

この邪推をもとに人と接するのはよくありません。人間の心理には「返報性」があり、悪意を持って人と接したり、トゲのあるコミュニケーションをとったりすると、相手も同じように接してくるのです。

何よりそうしたやりとりは私たちの思考をネガティブにし、考えすぎる原因にもなってしまうでしょう。

まったく気にしないのは難しいとしても、必要以上に敏感にならないように、邪推は避けていただければと思います。

どうしてもモヤモヤする！　というときは、94ページでも紹介した「事実の捉え直し」が非常に有効ですので、試してみてください。

How to UNTHINK

言葉以上のものを、勝手に受け取らない。友好的に接すれば、人は友好的に接し返してくれる

THINK SIMPLY

4

CHAPTER

最高に集中する

THINK
SIMPLY
20

最適な作業空間

まわりがざわついている環境のほうが生産性は高まる

イリノイ大学 ミータら

考えごとをするとき、根を詰めて作業や勉強をするとき、「一人きりの静かな空間で集中したい！」と思ったことはあるでしょうか？

一般的に仕事や勉強をする空間は静かであるほうがいいと感じる人は多いかと思います。

ですが、イリノイ大学のミータらは驚きの研究を報告しています。

ミータらは5つの実験を行い、次のどの環境で作業をするともっともパフォーマンスが高まるかを調べました。

①「騒音レベル低（50デシベル）……静かな事務所内程度」
②「騒音レベル中（70デシベル）……高速道路走行中の自動車内程度」
③「騒音レベル高（85デシベル）……救急車のサイレン程度」

この結果、②の70デシベルのときにもっともクリエイティビティが上がることがわかったのです。一方、③の85デシベルまでいくと思考の妨げになる、と報告されています。

つまり、**ちょっとざわついている、くらいの環境のほうが脳にとってはいい**ということです。これは、特に「抽象的なものごと」を考えるときにいいようで、たとえばプレゼンの内容を考える、報告書をまとめる、新しい案を考える、戦略を練る、といった「考えごと」に適しています。

脳は新しい刺激を好みます。反対のことを言うと、**同じ空間、同じ作業では脳はすぐに疲れてしまうのです。一つのことをじっと集中して行う、というのは苦手**なんですね。

その点、作業環境としておすすめしたいのは「静かすぎないカフェ」です。

理由は3つあり、一つは今お伝えしたように、ある程度人の声や食器を運ぶ音など、雑音があったほうが効率がよいからです。このことは、「コーヒーショップ・エフェクト」と呼ばれています。

理由の2つ目は、「香り」です。

ソウル大学のスーは、「コーヒー豆の香りには、活性酸素によって破壊された脳細胞を呼び戻す効果がある」ことを発表しています。この活性酸素とは、睡眠不足や疲労の原因とされる物質のことです。

この実験では寝不足のマウスの脳内を調べました。この状態ではストレスを抑制する細胞が少なかったのですが、マウスにコーヒー豆の香りをかがせたのです。すると、細胞の一部が回復する、という効果が見られました。

つまり、コーヒー豆の香りには疲労回復効果やストレス抑制効果が期待できる、ということなのです。たしかにコーヒー豆などの香りは頭がシャキッとするような、目がさめるような刺激がありますよね。

そして3つ目のおすすめの理由は、「ルーティン化」による意識の切り替え効果が期待できるからです。

日常的に決まったカフェに行き、そこで作業を行うようにします。これを続けていくと、条件反射的に「カフェに行く」＝「脳がクリエイティブに働く」というシステムができ、カフェに行くだけで集中できる（やる気のスイッチが入る）ようになるのです。

もちろんこれは、自宅などでも応用ができます。

「作業場所」を用意して、「この席、この机についたら脳がクリエイティブになる」というシステムをつくるのです。作業中には音楽やラジオをかけたり、あるいは家族の声や外の音がしたり、というのは脳への刺激になりますし、さらにコーヒー（香りが重要なので、豆だけでも可）を用意すればカフェと同じような環境になりますね。

いずれにせよ、「静かな場所でなければ集中できない」と神経質にならず、実際には多少ざわざわしていたほうがいいんだと、力を抜いてみてください。きっと、今までよりパフォーマンスがよくなるはずです。

この章では、このような「集中」や「生産性」に関連する研究を見ていきたいと思います。

How to UNTHINK

「集中するから」と神経質に考えないほうが、実は集中できる

THINK SIMPLY

21

意識と無意識

集中力を持続させるには作業とは「関係ない動作」をするといい

プリマス大学 アンドレイドら

話をしているとき、相手がメモにいたずら書きをしていたら、どうでしょう？自分が軽んじられているようでイヤに感じるかもしれませんね。

ですが、意外な研究結果があります。イギリスのプリマス大学のアンドレイドらが「いたずら書きをしながらの作業のほうが記憶力が高くなる」と発表しているのです。

この実験は、参加者たちに録音テープを聞いてもらい、その内容を記憶してもらうというものです。これを

①「(落書きのように) 図形をなぞりながら聞いてもらうグループ」
②「何もせずに黙々と聞いてもらうグループ」

の2グループに分けて行いました。

この結果、**①の「図形をなぞりながら聞いてもらうグループ」は②のグループに比べて30％ほど記憶していた内容が多かった**のです。

一般的なイメージとしては、一つのことに集中して注意を向けたほうが脳がよ

く働くように思えるかもしれません。

ですが、**実は脳の集中力には持続力がないと考えられています。一定の量の集中力しかなく、この力を使い切ると、情報処理が止まってしまうのです。**

ですから、作業の時間が長くなるほど注意力が散漫になり、飽きてしまったり他のことが気になったりしてきます（この作用を、脳の「認知負荷理論」と呼びます）。

その点、いたずら書きのように手を動かすことは脳に刺激がいきます。このことがかえって脳のエネルギーを上手に分散させ、集中力を長持ちさせることにつながったと考えられるのです。

実は、脳は「無意識下」では複数のことを並行して処理するのが得意です。デフォルトモードネットワークの仕組みをお伝えしたように、エネルギーが1ケ所に集中しているよりも、さまざまな場所に分散されているほうがよく働きます。

ところが、**意識している状態でのマルチタスクは苦手で、極端に集中力が落ちてしまうのです。**

たとえばいたずら書きレベルではなく、マンガや複雑なイラストであるとか、難しい計算などであると負荷が強すぎて話が耳に入ってこなくなるでしょう。意識的に行う作業をマルチタスクで行うことは基本的にできないのです。

このことを日常で応用するならば、たとえば暗記作業は机にじっと向かいながらではなく、後ろ向きで歩いたりとか、声を出しながらとか、あえて分散させると記憶の効率がよくなることが実証されています。

いずれにせよ、重要なのは「考えない行動」を加えることです。人は一つのことに長時間は集中できないようになっているのです。

ですから、休憩を挟んだり、ぼーっとして無意識の時間をつくったり、そうしてエネルギーを1ケ所に集中させない必要があります。根を詰めてじっくり考えるよりも、ほどほどに考えるほうがよいということですね。

How to UNTHINK

頭を使うときには、頭を使わない行動をちょい足しすると効率がよくなる

THINK SIMPLY

22

スピードアップ

思考の効率化のコツは「自分好みの人」のマネをすること

南デンマーク大学 アナリティスら

仕事でも趣味でも、「うまくできない」ことはストレスになります。時には落ち込んだり、焦りや苛立《いらだ》ちにつながったりすることもあるでしょう。

では、ものごとをうまく行うにはどうすればよいのでしょうか？

その極意とは、「マネ」です。昔から武芸も学問も芸術も、あらゆることは上手な人からやり方を教わり、マネ（再現）することから始まりますよね。

ただ、マネをするにもコツがあるようです。南デンマーク大学のアナリティスらは1万4000人を調査し、マネとパフォーマンスの関係を研究しました。たとえば見る映画を決めるとき、周囲の誰の情報をもとにするかというもので、

①「自分と好みの似た個人のマネをする場合」
②「多くの人が選択するものをマネる場合」
③「似た好みの人たちの平均をマネする場合」
④「好みの似た身近な人たちの平均のマネをする場合」
⑤「好みの似た多くの人たちの集団を参考にして決断する場合」
⑥「好みの似た人たちが選んだいくつかの選択肢を提示され、そこから自分の好

みを足して決める場合」
⑦「ランダムに選ばれた人の趣向を反映したものを参加者の趣向予測として提示した場合」

とを比べました。この結果、①「好みの似た個人」の選択をマネる場合が一番パフォーマンスがよいことが明らかになったのです（ただし、共通する経験が少ない場合は、多くの人の選択をマネることでもよい結果が得られています）。

たしかに有名なミュージシャンの方でも、音楽を始めたばかりの頃はその人自身が「神」とあがめるミュージシャンのコピーから入ったという話を聞いたことがあります。

趣味が合う人、好感を持っている人のマネをしたほうが身が入るということなのでしょう。

マネはよくないことだと感じる人もいるかもしれませんが、マネをするとは、表現を変えるとものごとの基本情報や勘どころをインストールすることです。

重要なポイントや一つひとつの作業の意味がわからないと上達のスピードは遅

くなってしまいますし、苦労したにもかかわらず「とんちんかん」なことをやってしまった！　ということにもなりかねません。

「学ぶ」と「マネる」は同じ語源ですし、日本は歴史的にもともとあるものに独自のアレンジを加える方法で文化を発展させてきましたから、「気に入ったものをまずマネる」というスタイルは性に合っているのかと思います。

加えて、この「自分好みの人のマネをする」というのはものごとの上達だけでなく、決断の早さにもつながるという報告もあります。

前述のアナリティスらの別の研究で、ものごとを決めるときに**「優秀な人ほど自分の好みに似た人を素早く見つけ、その意見を参考にしてさっと決断する」**という報告があります。一方で、そうでない人は世間の平均意見に沿ってものごとを決める傾向がある、という結果になったそうです。

そう言われてみると、仕事ができる人たちはみな業界の先輩や、異分野にも頼れるプロフェッショナルを友人として持っている印象があります。意識的なのか無意識なのか、師匠やお手本となるような人を見つけているのでしょう。迷ったときにはそうした頼れる人の話を聞くことで決断を早め、次々と積極的に行動できるのだと思います。

より身近なところで、私はレストランのレビューサイトで自分の食の好みにあ合った人（レビュアー）を何人かフォローしています。特にまだ行ったことのないお店を選ぶときに彼らの意見が非常に参考になるのです。実際にお店に行ってみると、やっぱり趣味が似ているなぁと共感することばかりです。

もちろん食に限らず、音楽でも映画などでも同じことです。第三者の意見を介すことで自分の好みがより客観的に、明確に把握できるようになってきます。より判断が効率的になりますし、「この人が言うなら……」と新しいことにもチャレンジしやすくなりますよね。

行き詰まったときは、ぜひ気に入ったもの、好感を持てる人のマネをしてみてください。それまで見えていなかった新しい方法や視点が見つかることでしょう。

How to UNTHINK

効率的にマネを行うことでものごとに迷う時間が減っていく

THINK SIMPLY

23

マインドフルネスの科学

1日10秒、呼吸に意識を向ける

カリフォルニア大学 ジーグラーら

「瞑想」や「マインドフルネス」がアメリカでブームとなり、日本に逆輸入の形でやってきました。細かなやり方はさまざまですが、「よけいなことは考えずに、呼吸に意識を向ける」というのがその大まかな内容です。

この瞑想、「考えすぎない方法」としてもいい効果が出たという研究があります。カリフォルニア大学のジーグラーらは、瞑想をするためのスマホアプリをつくり、18〜35歳の参加者に6週間実践してもらう実験を行いました。

参加者には瞑想のやり方のビデオを見てもらい、1回あたり10〜15秒かけて意識を集中しながら深呼吸してもらいます。そして、集中力の持続時間などが伸びたかどうかを計測しました。ワークの時間は6週間で合計20〜30分間という短いものです。

しかしながら、この短時間のワークでも参加者の集中力が高まり、脳のワーキングメモリ（作業記憶の容量）も増えたという結果になりました。注意力と関連性の高い脳波もポジティブに変化していたのです。

現代人はPCやスマホなどの画面をのぞく時間が長くなり、よほどケアをしていない限り、猫背や内巻き肩になっていると言われます。

そのような姿勢が続くと身体が縮まり、内臓が圧迫されてしまうのです。その結果、呼吸も浅くなり、自律神経の乱れなどの体調不良を起こしていると指摘する専門家もいます。

1日ほんの少しの時間でも呼吸に目を向けることは、そうして浅くなっている呼吸の改善、意識改革や気分転換にもつながってきます。

なお、この実験ではただ瞑想するだけではなく、アプリを使ったことでトレーニングの成果が目に見えるようになっていたことも重要だと考えられます。積み重ねが脳の報酬系を刺激し、参加者たちが継続するモチベーションも高まったわけです。その意味では、アプリなどを活用し、自分のワークを確認する習慣を持つのもとてもいい作戦だと思います。

How to UNTHINK

短時間の習慣でも、継続的に成果を見られるようにしておくといい効果があらわれる

THINK
SIMPLY
24

今を生きるべき理由

思い出にひたると脳が老化していく

理化学研究所 木村ら

「歳をとると忘れっぽくなる」なんて言いますよね。そういうものなんだから仕方ないと思いきや……もしかすると日々の習慣次第でふせぐことができるかもしれません。

理化学研究所の木村らはマウスを使った実験で、過去の記憶を長時間思い出すと、その記憶が脳にしまわれるときに「タウ」というタンパク質が蓄積されやすくなることを明らかにしました。このタウタンパク質は、脳に蓄積すると記憶障害を引き起こすことが知られています。

つまり、**長時間過去の思い出にひたり、かつそれが頻繁になってくるほど脳が老化しやすくなる**ということなのです。

それまで、タウは年齢を重ねるほど蓄積量が増えることがわかっていたのですが、その理由はよくわかっていませんでした。この実験によって、歳をとるほど経験が増え、過去を思い出す機会が多くなるためにタウの蓄積量が増えるのではと考えられています。

あのときはよかったなぁ……なんて、昔の仲間と集まってたまにならよいかもしれませんが、いつも昔のことを考えていると心身に悪影響を与えてしまうというわけです。

そもそも私たちは不安が強い状況や自分に自信がないとき、過去のことを思い出して自信を取り戻そうとすることがあります。たとえば、学生時代の部活の話であったり、仕事の武勇伝であったり。中には10年も20年も前の話をまるで昨日のことのように鮮やかに話せる人がいますよね。

これが、「あのときがんばれたんだから今度も乗り越えられるはずだ！」と自分をふるい立たせるためならよいかもしれませんが、「あのときはよかったのになぁ……」としみじみ振り返り、さらに「あのときに比べて今は……」と、ギャップを感じてショックを受けるようになると大変です。新しい刺激やストレスに弱くなる可能性があります。

なんでもかんでも新しいことにチャレンジすることはありませんが、脳を健康な状態に保つにはある程度新しい刺激も大切です。それは体験であったり、人間関係であったり、時には新しい風を吹き込むことが必要なのです。

昔のことばっかり考えていたり、「こうなったらどうしよう……」という不安なシミュレーションばかりしているなぁと思ったら、なるべく考える時間を減ら

して、行動・経験に時間を使うようにしてみてください。

古い記憶を忘れるのには新しい行動が有効です。アメリカのノートルダム大学のラドヴァンスキーらによると、**部屋を移動すると記憶を忘れやすくなる**という研究が発表されています。

実験ではおもちゃのブロックが使われ、テーブルから他のテーブルへブロックを運ぶというものなのですが、このときに部屋移動があると「直前にどんなブロックを運んでいたか忘れやすくなる」という結果になったのです。

これは、「ドアを開ける」という新しい刺激によって脳の短期記憶（ワーキングメモリ）が刺激されて、直前の記憶が上書きされてしまうからだと考えられています。

大事なことを考えているときは移動しないほうがよさそうですが、反対に言うと、**新しい行動をすると古い記憶は忘れていく**ということです。

つまり、ちょっとくらいイヤなことがあっても、行動すれば忘れてしまうとも言えます。

これは長期記憶についても同様で、ケンブリッジ大学のアンダーソンらの研究によると、新しいことを学ぶことは古い記憶を忘れることにつながることがわかっています。

過去を生きるのではなく、今この瞬間を生きたほうがよいというのは、脳の観点から言っても同じなのです。

How to UNTHINK

古い記憶は、新しい記憶によって上書きすることができる。だから、行動が重要になってくる

THINK SIMPLY

25

記憶の効率化

ぼーっとしているとき脳は記憶したことを復習してくれる

マックス・プランク研究所
シャックとプリンストン大学 ニヴ

46ページでは､ぼーっとしている時間､人の脳は「デフォルトモードネットワーク」となり、エネルギーが脳全体に行きわたり、活性化されるということをお伝えしました。

この理論はまだ新しく、いろいろなことが解明されつつありますが、最近の研究では、ぼーっとすると記憶力や判断力をつかさどる海馬にもいい変化が起きることが判明したのです。

ドイツのマックス・プランク研究所のシャックとプリンストン大学のニヴが共同実験を行いました。

この実験は2段階になっており、まずは被験者に「顔」と「家」を重ね合わせた画像を見せます。そして、その画像が「若い／新しい（young）」か「若くない／古い（old）」かを判断してもらうというものです。このテストを40分間行い、前後に5分間の休憩を入れます。

「young」と「old」という判断を、果たして顔を見て決めるのか、家を見て決めるのか、人の脳がどのように画像を認識するかというテストになっています。

実験では、今見ている画像への判断（young か old か）が、一つ前の判断と同

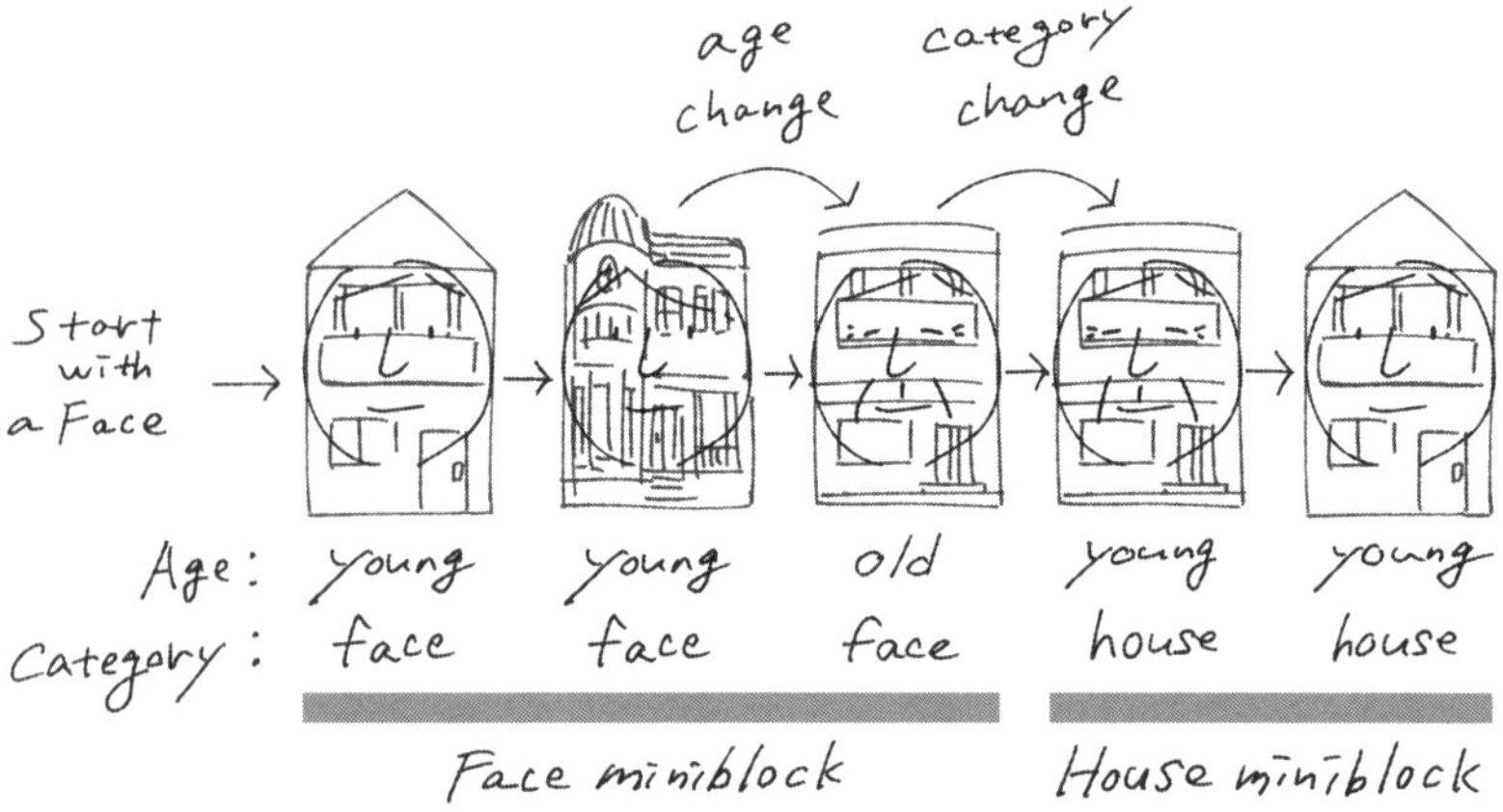

実験のモデル図

じだった場合、顔を見て決めるか、家を見て決めるかは同じになり、一つ前の判断と違った場合には、顔と家の判断が変わるようにして、判断のカテゴリーがある程度のブロックを形成するようにしました。

たとえば、最初に顔を見て「old」と判断した場合、次も顔を見て判断をするのですが、次の画像を「young」だと判断した場合には、その次の画像は家を見て「young」「old」を判断するようになる、ということです（一見関係なさそうなものを提示することで、特定の判断に慣れさせないようにするのは、実験でよく用いられる手法です)。

これを受けて、実験の2段階目です。同じ内容の実験を1～4日後に行ったのですが、このときは実験を通して、脳内で何が起こっているのかを観察したのです。

そしてわかったのは、被験者たちはテスト後の5分間の休憩で「直前に見たものを海馬で自動的に再生(リプレイ)している」ことでした。

つまり、**休むことで起きた出来事を脳が自動的に処理する、ということです。いわば「自動復習機能」とも言えます。**

この結果から考えると、勉強や仕事では小休止を挟んだほうが定着しやすくなり、情報処理が効率的になると言えるでしょう。

記憶の研究でも「分散効果」という理論があり、何かを勉強するときには連続で覚え続けるよりも、勉強してからある程度時間を置いてから復習をしたほうが効率がいいことが知られています。

ヨーク大学のセペダらの研究では、この方法をとった人はテストの正解率が64%も向上したそうです。

小休止するときのポイントは、なるべく考えごとをしないで「ぼーっとする」ことです。仕事のことを考えたり、ゲームをしたりするなど別のことに意識を向けないほうがより効果的でしょう。

そのためには、たとえばゆ～っくりお茶やコーヒーをいれるといった方法がおすすめです。その際、砂時計を用意してお茶をいれている間はじっと砂が落ちる様子を見つめてみてください。きっとぼーっとできますよ。

How to UNTHINK

何かを学ぶときには ぼーっとすることもセットにしよう

5

THINK SIMPLY

CHAPTER

態度だけはポジティブであるべき理由

THINK SIMPLY

26

幸福の条件

75年間の追跡研究でわかった幸福と健康を高める一つの方法

ハーバード成人発達研究所 ヴェイラントら

「人の悩みの90％は人間関係である」なんてよく言われますが、このことにまつわるある研究があります。

ハーバード大学が進めている成人発達研究の調査としてヴェイラントらが行ったもので、ハーバード大学卒の男性たちと、ボストン育ちの貧しい男性たち、この2つのグループ（約700人）の追跡調査をしました。

この研究のすごいところは、その追跡期間です。なんと、75年にわたって対象者の幸福度と要因について調べていったのです。

この長い研究の結論は、こうでした。

「私たちの幸福と健康を高めてくれるのはいい人間関係である」

家柄、学歴、職業、家の環境、年収や老後資金の有無といったことではなく、人間の幸福度、健康と直接的に関係があったのは人間関係だったという結果になったのです。

しかも、友人の人数は関係なく、たった一人でも心から信頼できる人がいるかどうかが重要だということがわかりました。

対人関係がうまくいっている（信頼できる人がそばにいる）状況では、緊張がほどけて脳が健康に保たれる、心身の苦痛がやわらげられる効果が見られた一方、孤独を感じる人は病気になる確率が高く、寿命が短くなる傾向も見られました。

つまり、「お金持ちになれば幸せ」であるとか、「ステータスの高いパートナーがいれば幸せ」であるとか、そんなことは一切ないということなのです。

これに関連して、愛知医科大学のマツナガらの実験を紹介しましょう。

18～25歳を対象にあるストーリーを読んでもらい、その反応（唾液に含まれるセロトニンというホルモンの量）を調べるというものです。

このストーリーは架空のライフイベント、人間関係などが書かれたもので、主人公になりきって追体験できるようになっています。

ライフイベントの内容は「ポジティブ」「ニュートラル」「ネガティブ」の3つ。

人間関係も同じく「ポジティブな友人」「ネガティブな友人」「友人がいない」というパターンで、その組み合わせが参加者によって異なります。

この結果、参加者の幸福度をもっとも高めたのは、「ポジティブな友人」の存在だったことがわかりました。**ライフイベントがネガティブなものであっても、明るくハッピーな友人がいる人は幸福を感じる傾向にある、という結果になったのです。**

一方で、ネガティブな友人がいた場合、友人がいない場合よりも幸福度が下がる傾向も見られました。

人間は、とても共感能力が高いのです。それが幸福な気持ちであっても、不安や怒りなどのネガティブな感情であっても、相手が発しているものをそのまま受け取ってしまい、同じような感情を抱いてしまうことがわかっています。

つまり、ネガティブな人ではなく、ポジティブな人と接していったほうが人生はポジティブな方向に向かいやすいということです。

現代社会では、人間関係でもメリット・デメリットが重視されがちで、「つながっておくといいことがありそう」だから付き合う、なんていうこともあるかもしれません。また、見栄や世間体を重視した付き合いなどもあるかもしれません。

ですが、ムリした付き合いには意味がないどころか、幸福度を下げてしまうこともあるのです。

ですから、よけいなことを考えずにポジティブな友人と一緒にいる。そして、自分自身もポジティブでいることに努める。そうして、幸福度の高い人間関係をつくってみてください。

冒頭の研究の結果を考えれば、人生の最終的な勝ち負けなんていうのはないも同然です。財産も、恋愛も、肩書も、ステータスというのは一瞬の間不安を遠ざけるものに過ぎず、本質的には問題を解決してくれないのです。

この5章では、「ポジティブな態度」とその効用について見ていきます。

How to UNTHINK

幸福にもっとも影響を与えるのは人間関係。そして、いい人間関係にはポジティブな態度が重要である

THINK SIMPLY

27

本質的ポジティブ思考

前向きに考えようとするとドツボにはまる

ミシガン州立大学 モーザーら

前項では、幸福に必要なものは「いい人間関係」であり、そのためにはポジティブな態度が欠かせない、とお伝えしました。

では、ポジティブな態度とはどういうことなのでしょうか？

アメリカからの自己啓発ブームもあってか、世の中では一般的に「ポジティブシンキング」が重要だと考えられています。

もちろん、ものごとをネガティブに考えるよりもポジティブに捉えられたほうが都合のいいことは多いのですが、必ずしも「ポジティブシンキングがいい」とは言えません。

ミシガン州立大学のモーザーらは、**「ネガティブな人に前向きなことを言うと逆効果になる」**という研究を発表しています。

この実験ではまず、参加者に自分が「ポジティブ思考」か「ネガティブ思考」か自己申告をしてから行ってもらいます。

そのうえで、「男が女性の喉にナイフを突きつけている」などのショッキングな映像を見せるのですが、これらをできるだけポジティブに（楽観的に）解釈するように指示します。

このときの参加者の脳の血流の反応を調べたのです。

まず、ポジティブ思考だと自己申告した人たちの血流には特に大きな変化はありませんでした。

一方、ネガティブ思考だと自己申告した人たちの血流は大きく反応し、非常に早くなったのです。血流が早いとは、あれこれ考えて、脳が高速回転しているような状況で、この速度が早くなるほどパニック状態になります。つまり、反応が少なく、血流がゆるやかなほうが精神は落ち着いているということです。

この結果を受け、血流の早くなった人たちに「もっと前向きに考えて！」と指示をします。

するとどうなったかというと……**血流がゆるやかになるどころか、より早くなってしまったのです**。

これは「バックファイア効果」と呼ばれるもので、ある情報を修正しようとすることで、かえってもともとの情報のネガティブさを強めてしまうというものです。

一度わいてしまった不安やネガティブな感情をムリにポジティブに捉えようと

したことで脳が混乱し、オーバーヒートのような状態になったのでした。
ですから、そもそもネガティブな状態になっている人がムリにポジティブにな
ろうというのは自己矛盾を引き起こし、かえって自分のネガティブさに気づかさ
れてしまいます。そして、よりネガティブ思考を深めてしまう原因になるのです。
落ち込んでダメージの大きい人に「がんばろう！」とか「元気出して！」と声
をかけるのが逆効果なのは、このようなメカニズムが働くからです。
ネガティブな状態のときは、思考を変えようとはせず、まずは「ああ、今ネガ
ティブだな～」と認識するところから始めてみてください。
このとき、その状態について「いい」「悪い」の評価はしないでください。**何
なら自分を三人称に置き換えて、「ああ、彼は今ネガティブだな～」という状態
をそのまま描写して、思考をさっと別のほうに持っていく習慣をつけていきます。**
三人称で心の中を語ったときには、感情に関する脳の部位の活動が急激に低下す
ることをモーザーらは別の研究で観察しています。
ネガティブな感情を気にしたり、「これはよくない！」と否定したりしてしま
うと、よけいに強調されます。そうではなく、「状態を客観的に認識して、意識

をそらす」ことが本当のポジティブシンキングの第一歩なのです。

その意味では、態度をポジティブにするというのは、「思考から行動をポジティブにしていく」のではありません。**行動をポジティブにすることで、結果的に思考がポジティブになる**のです。

いったいどういうことか？　そのメカニズムについて引き続き見ていきましょう。

How to UNTHINK

思考で行動を変えるよりも行動で思考を変えるほうがカンタンである

THINK SIMPLY

28

表情の科学

笑顔の
ストレス抑制効果
と感情を変える力

カンザス大学 クラフトとプレスマン

不安が強い状態のとき、人は思考も感情もネガティブになりやすくなります。

ただ前項で紹介したように、これを無理やりポジティブ思考にしようとしても自己矛盾に陥って、かえってネガティブな方向に進んでしまう可能性があるのです。

「何事も考え方だぞ！」と自分をふるい立たせて思考を変えようといってもなかなか難しいのです。

しかしながら、心の内側からではなく、外側から思考を変えていくことができます。近年の脳科学では、**感情は思考（考え方）よりも、身体の動きなど外的な要因から大きな影響を受ける**ことがわかっているのです。

つまり、「ポジティブな態度」を習慣化することで、思考や感情をポジティブな方向に持っていく方法があります。

たとえば、こんな実験があります。カンザス大学のクラフトとプレスマンは学生を対象にストレスと表情に関する実験を行いました。

この実験では、参加者を３つのグループに分けます。

①「無表情のグループ」
②「箸をくわえて、口角が上がる（「イー」の形）ようにしたグループ」
③「箸を横にくわえて、大きな笑顔をつくるグループ」

そのうえで、すべてのグループの参加者にストレスを感じてもらうようにします。氷水に1分間手を入れる、鏡に映った対象物の動きを利き手ではないほうの手で追うといった作業をさせ、参加者たちの心拍数を計測したり、ストレスのレベルを自己申告で評価してもらったのです。

この結果、①の笑っていないグループと比較して、②のグループと③のグループは作業中のストレスが少ないことがわかったのです。特に③の大きな笑顔のグループは作業中の心拍数も低いという結果になりました。

つまり、**笑顔にはストレス抑制効果があるということです。より強い笑顔のほうがその効果は高くなります。**笑顔なだけで脳が「楽しい」「嬉しい」という錯覚を起こすんですね。

さらにアルスター大学のブリックらによれば、**運動中に笑顔でいると運動のつ**

らさを忘れるという実験結果を公表しています。身体感覚にも影響があるというわけです。

考えすぎてしまっているときは、とりあえず口角を上げて、ニッと笑ってみてください。地味でイヤ〜な作業をしているときも、口角を上げておくといいでしょう。

また笑顔のもう一つの効果として、人から見た印象も大きくかかわってきます。カリフォルニア工科大学のオードハーティーらの研究によると、人は誰かの笑顔を見ると脳の報酬系が活性化することがわかっています。報酬系とは「喜び」をつかさどる脳の機能のことで、つまり、笑顔の表情は相手を喜ばせるということです。

これは、ポジティブな人間関係をつくっていくのにも非常に効果があります。たとえば赤ちゃんや小さな子どもの笑顔を見るとついつい「つられ笑顔」をしてしまう、という経験をしたことのある人も多いかと思いますが、これも子どもたちの笑顔によって脳の報酬系が働いていると考えられます。

もう一つおまけで紹介をしておくと、東北公益文化大学の益子らの研究によれば、笑顔が大きくなるにつれて、その人自身の「活力性」「支配性」そして「女性らしさ」を高めることがわかっています。そして、人からの「好感度」も高くなるという結果になったのです。笑顔が大きいと、より魅力的に映るということですね。

総じて言うと、笑顔というのはいろいろな面でいいことがある表情であり、不安とうまく付き合っていくには欠かせない要素の一つなのです。

今、あなたの表情はどうですか？　意識しないと、人の表情はかなり無愛想で、無表情に見えるものです。表情筋を使って、笑顔の習慣をつくってみてください。あれこれ悩んだり、考えたりする前にまず「笑顔」です。

How to UNTHINK

感情は、形から変えていくことができる。考えすぎのときは、「ニッ」と笑おう

THINK SIMPLY

29

感情の伝達

ネガティブな態度がなぜいけないのか？科学的な理由

アメリカ国立衛生研究所 ハリリら

態度はポジティブに！　とお伝えしていますが、では反対に、なぜネガティブではいけないのでしょうか？　その理由を科学的に調べた研究があります。

アメリカ国立衛生研究所のハリリらは、参加者の不安や恐怖をあおる画像を見せ、そのときの脳の扁桃体《へんとうたい》の様子を調べました。扁桃体は不安や恐怖などネガティブな感情を感じたときに活動する部位です。

見せる画像は、

①「人の恐怖や怒りなどの表情」
②「動物や昆虫など自然界の恐ろしいもの」
③「自分に向けられた拳銃や事故、爆発など人工的な恐ろしいもの」

の3パターンです。

この結果、もっとも激しい反応を示したのは①の「人の恐怖や怒りなどの表情」を見た場合でした。人間のネガティブな表情を見ると、本能的に反応してしまうようです。

これに関連して、ハワイ大学のハットフィールドらは「否定的な人と過ごす時間が長いほど、同じような考えをするようになる」という研究を報告しています。ネガティブな人と一緒に過ごすと、顔の表情、姿勢、さらには声の出し方や動作まで似てきてしまうことがわかったのです。

つまり、**「人は、他人のネガティブな言動、心の状態に影響を受け、無意識のうちにマネしてしまう」**ということになります。

さらに、人はそもそもネガティブなものに目がいきやすいという性質（＝「ネガティビティ・バイアス」）を持っていますから、ポジティブなものとネガティブなものがあったら、ネガティブなものに意識が向きます。

ネガティブは、ネガティブを呼び込んでしまいます。だから、ネガティブな態度でいることはよくないのです。自分がネガティブな態度をとり続けていると、まわりまでネガティブになり、マイナスが大きくなってしまう可能性がある、ということですね。

146ページで、幸福にはポジティブな人間関係が欠かせないという研究をお伝えしましたが、まずはネガティブな態度を表現しないこと、そして日々の言動をポジティブにしていくことが重要になります。ポジティブな感情や態度もまた、人に伝播《でんぱ》するのです。

まわりにネガティブな人（表情が暗かったり、批判的、攻撃的な言動をしたりする人）がいた場合、なるべく距離をとり、共感しないようにしてください。その人が何を考えているかを想像したりするのはやめたほうが無難でしょう。

また自分自身のネガティブな感覚がなかなか抜けないときには、99ページの「不安を書き出す方法」を参考にしてみてください。

How to UNTHINK

ネガティブは他人に伝染るスピードが速い

THINK SIMPLY

30

言葉の影響

ポジティブな言葉は苦しみや痛みをやわらげる

ワシントン大学 ダットンとブラウン

態度だけでもポジティブにしておいたほうがいい、とお伝えしていますが、続いてはこんな研究を紹介しましょう。

ワシントン大学のダットンとブラウンらによるもので、参加者にはあるテストに取り組んでもらいます。最初に3つの単語が与えられ、これに関連する4つ目の単語を推理してもらうというナゾナゾのような問題です。

このテストを受ける前に、自分がどれくらいできると思うか、他の参加者と比べて自分の能力はどうか、何問解けると思うか、といったアンケートをしたうえで取り組んでもらい、さらにテスト後にも同じように自己評価に関するアンケートを行います。

この結果、自己評価が高い人ほど落ち込みにくいことがわかったのです。

具体的には、自己評価が高い人ほど問題に正解したときには「自分に能力があるから」と考え、不正解だったときには「問題との相性が悪かった」などと考え、能力のせいにはしない人が多かったのです。

一方、自己評価が低い人は、問題に不正解した場合には「自分に能力がないから」と考えて落ち込んでしまう傾向が見られたのです。

つまり、**実際の能力は差し置いて「自分はできる」と楽観的な人のほうがものごとを都合よく考えられる**ということになります。

関連して、こんな研究も紹介しましょう。

南デンマーク大学のヴェグターらによって2020年5月に発表された新しいもので、ポジティブな言葉は「痛み」や「しんどさ」への耐性を強くするというものです。

この実験では、参加者を3つのグループに分けます。

①「ポジティブな言葉を使って実験内容を説明するグループ」
②「ネガティブな言葉を使って実験内容を説明するグループ」
③「中立的な言葉で実験内容を説明するグループ」

そして、それぞれにスクワットなどの身体に負荷のかかる運動をしてもらいました。

この結果、①のポジティブな言葉で説明されたグループは、大腿筋《だいたいきん》（太ももの筋肉）の耐性が22％アップし、一方で②のネガティブな言葉で説明されたグループは耐性が４％ダウンし、さらには痛みも強く感じるという結果になったのです。

言葉がネガティブだと、気持ちが弱くなるばかりか身体や痛覚にも影響が出てきてしまうというわけですね。

過剰なポジティブ思考・ポジティブな表現はどうかと思うのですが、最低限、ネガティブな言葉は使わないほうがよさそうです。

日本では文化的に謙虚さが重視されますから、「自分にはできないから」とか「どうせ自分なんて……」といった自虐的な言葉をついつい使いがちかもしれません。

ですが、こうした言葉は封印し、なるべくポジティブな表現、ポジティブな方向に変換していくことをおすすめします。

〈ほどよいポジティブ表現変換リスト〉

・できない　→　〜ならできる
・難しい　→　やりがいがある

・忙しい　↓　充実している
・疲れた　↓　一生懸命動いた
・うるさい　↓　活気がある、元気がある

How to UNTHINK

できるだけ楽観的な言葉を選び、脳に不安を感じさせない

THINK
SIMPLY
31

笑いの効果Ⅰ

笑うことは生命力も高める

ウォーリック大学 オズワルドら

最近、よく笑っていますか?

笑顔もそうなのですが、「笑う」というのはさまざまな効果をもたらすことが世界中で報告されています。

一例として、イギリスのウォーリック大学のオズワルドらの研究を紹介しましょう。

この実験は4種類からなり、一つ目の実験では、参加者を

①「コメディー映像を見るグループ」
②「見ないグループ」

に分けます。そして、5つの2桁の数字の合計を求めるという作業を10分間行ってもらいました。この結果、①の映像を見たグループのほうがパフォーマンスが高くなるという結果になったのです。

次に、2つ目です。一つ目と同じようにコメディーの映像を見せて作業を行ってもらったのですが、この中でも「幸福感が強い人」ほどより高いパフォーマン

スを発揮するということがわかりました。

3つ目では、チョコレートやフルーツや飲みものがふるまわれるグループと、そうでないグループによる作業が行われました。結果は、食べもの、飲みものがふるまわれたグループのほうがパフォーマンスがよくなりました。

4つ目の実験では、「最近起こったつらい出来事」についてアンケートを記入してから作業をするグループ、アンケートなしのグループに分けました。この結果、アンケートを記入したグループのパフォーマンスが悪かったのです。

この実験から言えることは、**「幸福感の強い人はパフォーマンスがいい」**ということです。最初の実験でコメディー映像を見た人のパフォーマンスがよかったのは、コメディー映像を見たことで幸福感を得られたと考えられます。

幸福感というとイメージしにくいかもしれませんが、もっとシンプルに言うと「気分がいい状態」ということです。

脳を喜ばせることが重要なのです。

その方法は人によってさまざまだと思いますが、「笑いの映像」を見るというのはデメリットがなく、誰でも実践しやすいと思います。

先ほど紹介した実験と同様に、「おもしろい映像」を使った実験があります。

ロマリンダ大学のバークらの研究で、この実験では1時間ほどのおもしろい映像を参加者たちに見てもらいます。その前後と12時間後の血液をとり、笑うことと身体にどんな関係があるかを調べるというものです。

この結果、おもしろい映像を見ると、血液中のさまざまな成分がポジティブな反応を示すことがわかりました。つまり、「免疫力がアップした」のです。

興味深いのは、**視聴から12時間後でも免疫力が上がっている**、という結果になったことです。笑いの効果は持続性があるようなのです。

考えてみると、古代から「喜劇」はありました。日本でも能楽のもとである「猿楽」はものまねで構成される喜劇です。

どんな過酷な時代も、笑うという手段を通してストレスを緩和させ、それぞれの時代を上手に乗り越えてきたのではないでしょうか。

今はテレビもレンタルビデオもネットもありますから、誰でもいつでもアクセスができますよね。

まじめに何かに取り組むのも大事なことかもしれませんが、バカバカしいことで笑うのも必要なことなのです。ぜひ、すべてを忘れて、大笑いしてガス抜きをして、さらにパフォーマンスを高めてみてください。

How to UNTHINK

脳を喜ばせ、「いい気分」にさせることでパフォーマンスが自然と高まる

THINK SIMPLY

32

笑いの効果Ⅱ

年齢を重ねた人は笑いからアイデアを生み出せる

イモデナ・レッジョ・エミリア大学 タラミら

前項でお伝えしたように、笑いは「喜劇」や「コメディー」という形で大昔からある表現の手段です。ここでもう一つ、笑うことがもたらす効果について研究を紹介しましょう。

イタリアのイモデナ・レッジョ・エミリア大学のタラミらは、人が笑っているときの脳の活動を記録しました。fMRI（磁気共鳴機能画像法）という機械を使って脳のさまざまな部位の活動、血流などを見ていったのです。

人は笑うと、感情をつかさどる「大脳辺縁系」、記憶をつかさどる「海馬」といった部位が活発になるほか、身体を動かすときに働く「運動系」も反応することがわかりました。

この研究で何より興味深いのは、年齢によって脳の活性化される場所が変わるということです。

若い人では脳の中で「報酬系」と呼ばれる部位が活発になりました。報酬系とは、喜びや快感に関連する部分です。つまり、「笑うこと」＝「喜びになる」ということですね。

一方、年輩の人になってくると話が違ってきます。年輩の人の場合には笑っているときに「デフォルトモードネットワーク」、つまり記憶や価値判断など、ひらめきにつながる部位がより活性化することがわかったのです。

これはつまり、笑うことで判断が早くなったりいいアイデアが生まれやすくなったりするというわけです。

笑うことは、娯楽や気分転換といったことだけではなく、実用的な部分でも重要な役割を果たしているということになります。

特に大人の人ほど笑うことが実用性に直結しますから、定期的に何も考えずにひと笑いできる時間をつくってみてはいかがでしょうか。

How to UNTHINK

くだらないこと、一見意味のないことが人生では重要な役割を持っていることもある

THINK SIMPLY

33

信頼の科学

人と信頼関係を築きやすいのは観察力が高い人

オックスフォード大学 カールとビラリ

良好な人間関係が幸福につながるとお伝えしましたが、人間関係に「信用」や「信頼」はつきものですね。

オックスフォード大学のカールとビラリはこんな研究結果を報告しています。

それは、「知能の高い人は人を信用しやすく、そうでない人は信用しない傾向にある」というものです。

この研究では、アメリカのGSSという社会調査をもとに参加者を集めます。GSSは回答者の行動や社交性、経済的特徴などが出ているもので、その分布にしたがって偏りなく参加者を集めました。

そのうえで、語彙力を試す知能テストとインタビューによる評価を行いました。

この結果、スコアがよかった人ほど人を信用しやすい、悪かった人ほど人を信用しづらい傾向があると明らかになったのです。

スコアの高い人は、低い人に比べて人を信用する度合いが34%高くなりました。

この結果に経済力や学歴、パートナーの有無などの他の要因は関係ないと言います。

こうなった背景として、知力の高い人は観察力が優れているので人を見抜く能力が高いこと、またその力によって信頼できる人を選んでいるので、人を疑う必要がないのではと報告されています。一方で、人を信用できないのは、まわりに信用できない人が多い、裏切られるような経験をしてきたからではないかと考えられています。

この結果からもわかるように、人を信頼するというのは非常に高度な活動です。日本人の場合、どちらかというと人を信頼できる人のほうが多いのではと思いますが、それはまわりに親切な人が多く、心を開けるいい環境にあった証拠だとも言えます。

ただし信頼関係というのは、どちらかが一方的に心を開くのでは成り立ちません。自分が開き、相手も心を開くことが必要ですよね。

心理学では相手の心を上手に開ける人のことを「オープナー（OPENER）」と呼びます。接していて、「この人なら安心できるかな」と思わず感じてしまうような人のことです。

南カリフォルニア大学のミラーらは、オープナーの特徴として、

・自分の弱みや強み、性格などの自己認識力が高い
・ものごとをさまざまな視点から見る能力が高い
・話し上手というよりも、人の話に耳を傾ける聞き上手である

ことなどを挙げています。

相手がなぜそのように感じたか、考え方を理解できるのが特徴です。

では、オープナーのようになるにはどうすればいいでしょうか？

そのコツは、**「人の話を最後まで聞くこと」**。

途中で相手の話をさえぎって自分が話したり、興味がなくなって途中から聞かなくなったり、ではダメなのですね。

信頼関係をつくるには、本質的には相手を理解する態度が重要になってきます。

そもそも、人の仲が悪くなる大きな原因の一つは、「相手と自分に違う部分が見えたとき」ですよね。「こんなはずじゃなかった」というギャップです。

ですが、相手の考え、行動原理をより深いレベルで理解できると、この見方も変わってきます。「違っていてもいい」ということに気づけるのです。

自分と相手の考えや行動原理が違うことにあれこれ悩んだりせずに、まずは受け入れる。

ここに、人と真に信頼関係を築くための秘訣があるかもしれません。

How to UNTHINK

相手を理解しようとする態度、行動原理を知ることがよい人間関係の秘訣になる

THINK SIMPLY

CHAPTER 6

脳、体、心のつながり

THINK SIMPLY

34

運動と疲労感の関係

人はじっとしているほど疲れを感じるようになる

ジョージア大学 ピュエッツら

かつて、人類は獲物を追いかけたり農作業をしたり、外で身体を使って時間を過ごすことが多かったですよね。ところが、現代人の多くはその真逆に近い生活を送っています。特に椅子の上に座ったり、家の中でも寝転んだりしている時間が長くはないでしょうか？

いったいどれくらい運動量が少ないかというと、こんな研究があります。

クイーンランド大学のオウエンらは、20〜59歳までのアメリカ人を対象に1日をどのように過ごしているか調べました。

この結果、起きている間の3％を運動（走る、スポーツ、筋トレなど）に、39％を軽い運動（歩くなど）に費やし、残りの58％を無運動状態（座ったり、寝転んだり、ただ立ったり）でいることがわかったのです。

つまり、1日の半分以上は、「動かない状態」ということです。ここに「眠る時間」を足したら、動いていない時間のほうが圧倒的に長いことになります。

このじーっとしている状態が続くというのは、脳や心身に悪影響を与え、疲労につながることがわかっています。

たとえばウィスコンシン大学マジソン校のエリングストンらは、女性を対象にした調査を行いました。

この実験では、「座っている時間が短い人ほど元気と活力があり、疲れを感じにくかった」と報告されています。要するに、ある程度動き回っている人のほうが元気で疲れにくい傾向があったということです。

他にも、ジョージア大学のピュエッツらによる研究もあります。

この実験では、「日常的に疲労感を抱いている健康な若者」を集めて行われました。参加者を大きく

①「6週間で18回ほどジムで中程度の負荷の運動（ランニングや軽い筋トレ）をするグループ」
②「6週間で18回ほどジムで軽い運動（ジョギングやウォーキング程度）をするグループ」
③「何も運動しないグループ」

という3つのグループに分け、その後の疲労感について調査したのです。

この結果、もっとも疲れが取れたと感じたのは②の「軽い運動をするグループ」で、次に①の「中程度の負荷の運動をするグループ」。そして、③の「何も運動しないグループ」は疲れが取れない、という結果になりました。

これらの結果からもわかるように、**「何もしないでじっとしている」のは心身にとってよくないということです。**筋肉が硬直し、血流も悪くなり、結果的に脳も疲労してしまいます。

私自身、若いときには研究室にこもり、寝るとき以外は椅子に座っていたという時期がありました。当時はいつも異様な疲労感があったのを覚えています。頭もぼーっとしますし、今思えば時間を使っている割に仕事も進んでいませんでした。当時の私と同じような状況の人も多いのではないでしょうか？

やることがいっぱいで仕事が進まない！　という緊張が強い人ほど、ぜひ身体を動かす習慣を身につけてほしいと思います。といっても、筋トレやランニングを始めるのではなく、軽いストレッチ程度で十分です。

ストレッチには、前屈や開脚のように反動をつけずに行う「静的ストレッチ」とラジオ体操のようにはずみや反動を使って動きながら行う「動的ストレッチ」

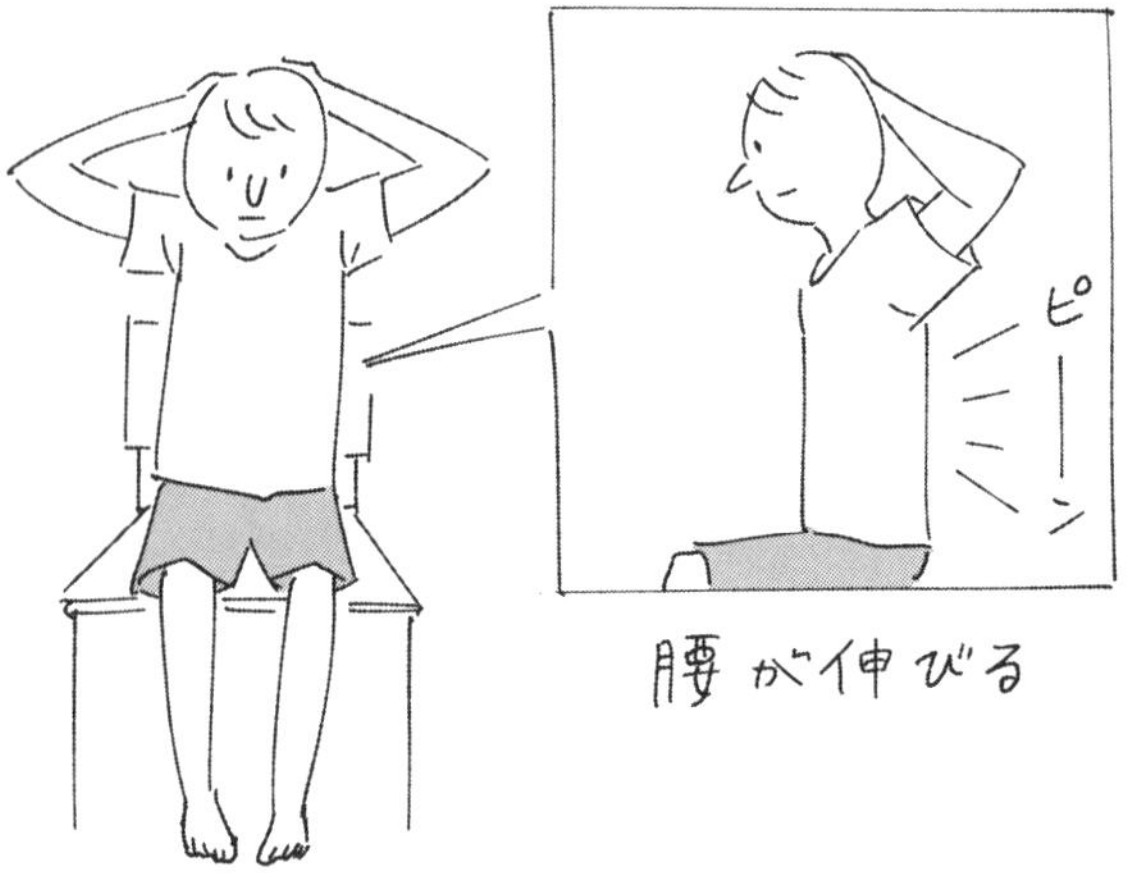

椅子の上でもできる静的ストレッチ

があります。

明治安田厚生事業団体力医学研究所の須藤らの研究では、静的ストレッチを30分ほど行うと、その後の目を使った作業のパフォーマンスが向上し、不安感が減少し、気持ちがポジティブになることがわかりました。

たとえば猫などの動物は、寝起きにグーッと大きな伸びをしますよね。あれは、寝てカチコチになった身体をもとに戻すストレッチのような役割があると考えられているそうです。

脳や心身の疲労回復には、血を巡らせることが重要です。その意味では、身体の縮こまりを解消する静的ストレッチはたしかに効果的なのです。

たとえば90分くらい座る時間が続いたら、ちょっと休憩して軽く身体を伸ばしてみるなど、身体に意識を向ける時間をつくるといいでしょう。

ちなみに、近年では運動前に静的ストレッチを行うとパフォーマンスが落ちてしまうという研究も発表されています。運動前には、「動的ストレッチ」をするようにしてください。

6章では、このような脳と精神と身体とのつながり、また健康や幸福との関連性を見ていきましょう。

How to UNTHINK

動かないことが疲労感を高めてしまう。動かない時間が続いたら静的ストレッチをしよう

THINK SIMPLY

35

習慣とモチベーション

とりあえずジムに通ってみることで起きた8つの劇的な変化

マコーリー大学　オートンとチェン

世の中には決めたことをコツコツとやれる人と、なかなか習慣化できない人がいますよね。そして、おそらく多くの人は習慣化できないことが悩みの一つとなっているかもしれません。

そんな人のために朗報？　とも言える研究があります。

オーストラリアのマコーリー大学のオートンとチェンによる研究です。

この実験は、運動不足の男女を集めて行いました。まず2ヶ月間「特に何もせず」過ごしてもらいます。要するに、いつもどおりただただ生活してもらうということです。そして2ヶ月が経過したのち、次の2ヶ月はジムに通ってもらいました。

この計4ヶ月の間、参加者たちのストレスレベル、精神的苦痛、自己効力感（＝自分はできるという感覚）、その他、日々の習慣がどう変化したかを調べたのです。

すると、さまざまな効果が見えてきました。

1　ストレスの減少
2　タバコやアルコール、カフェインの摂取量が減少
3　感情のコントロールができるようになった

4　家事を進んでやるようになった
5　約束を守るようになった
6　健康的な食生活になった
7　ムダづかいが減った
8　学習習慣もよくなった

という結果です。壮観ですよね（笑）。

総じて言うと、**健康的で規則正しい、節制のされた生活を自然とするようになった**ということになります。

この実験はふだん運動不足の人が行ったもので、環境を大きく変えるということがいい刺激になり、このような結果が出たのだと考えられます。

「運動をして体重が減る」といった、やったことがすぐ効果につながることは快感になり、さらにモチベーションやセルフイメージも高まるので、自然と生活習慣の見直しにもつながったのだと思います。

このような方法は、性格的に小さなことをコツコツではやった気にならない！

という人や、なかなか腰が重くて始められないという人におすすめです。思いきって通いはじめてみるのもいいかもしれませんね。お金を払っていることで通う強制力も働きます。

「どうせ続かないから行かないことにしている」という人も、長く続かなかったらそれはそれということで、まずは2ヶ月と期限を決めてみると、この実験のような劇的な習慣の変化が訪れる可能性は十分あります。

ただ、いきなりハードなことをしすぎて体調を崩したり、ケガしたりすると、そのあとよけいに何もしなくなる可能性がありますので……、ムリはしないように、運動の内容にはくれぐれもご注意ください。

How to UNTHINK

思いきって環境を変えることで習慣が一気に見直されることもある

THINK SIMPLY

36

意識と肉体

「病は気から」の科学的根拠

北京大学 ワンら

「病は気から」という言葉がありますよね。これが単なる精神論ではなく、どうやら本当にそうらしいということが研究で明らかになってきています。

北京大学のワンらは、人のために利他的な行動をしているときは脳の腹内側前《ふくないそくぜん》頭前野《とうぜんや》が活動し、不快な痛みを感じなくなるという報告をしています。

このことを確かめるために複数の実験を行ったのですが、いずれも利他的な行動をしている人は痛みを感じなくなったという結果になったのです。

たとえば、肩こりや腰痛のような軽度な痛みだけでなくケガや病気などの痛みにも効果があるそうで、がん患者が慢性的な痛みを感じなくなったと言います。

いったい、なぜこのようなことが起きるのでしょうか?

利他的な行動とは、自分のことを置いておいて人に尽くしている状態です。

歴史上の人物でいえば、ナイチンゲールはクリミア戦争に従軍していたとき、不眠不休で負傷した兵たちの対応にあたったと言われています。自分の身体を壊しながら人のために尽くす、その献身的な様子が「クリミアの天使」という呼び名につながったわけです。

もちろんもっと身近な話で考えてみても、自分の子どもが病気になったりしたときには自分のことなど忘れて一生懸命看病するお母さんも多いかと思います。

こうした「見返りを求めず、ただその人のために行動をしている」状態では、痛みを感じないということなのです。

脳のメカニズムから考えると、誰かのために必死になることでその瞬間は意識が不安な感情や痛みにいかなくなるのではと考えられます。

昔から「病は気から」と言いますが、そのとおり精神がどの方向に向いているかで体調やその感じ方は大きく変わってくるようです。

同様のことは心理学でも言われており、心理学界の大家アルフレッド・アドラーはこんな言葉を残しています。

「敗北を避けるために、人はときに自ら病気になる。〝病気でなければできたのに……〟そう言い訳して安全地帯へ逃げ込み、ラクをする」

「認知的不協和理論」といって、人間は自分の行いや存在を正当化するために、理由づけをすることが知られています。

たとえば、仕事などでミスをしたとします。このとき、「自分のミスを認めると自分の存在が軽んじられてしまう（できない人だと思われるのが怖い）」と潜在的に感じていると、ミスを認められなかったり、人のせいにしたり、できなかった理由を持ち出して言い訳をするのです。

この理由づけに病気すらも人は使うということです。自分はこんな病気だ、だからできないのだと理由づけしていると、本当にその病気になってしまうことさえあります。病気を感じないのも、病気になってしまうのも、意識の持っていき方、ふだんの生活による脳のクセに左右されているということです。

前述したナイチンゲールは、従軍中のムリがたたって心臓に重い病をわずらってしまいました。40歳の頃にはベッドの上から動くことができなくなってしまったそうですが、それでも仕事をし続け、90歳まで生涯現役を貫いたと言います。

意識をどう持っていくかで健康のあり方、自分のコンディションの捉え方も大きく変わるのです。脳と心身のあり方は本当によくつながっています。

How to UNTHINK

強い集中力、ポジティブな態度は病気や痛みも吹き飛ばす力を持っている

THINK SIMPLY

37

心の許容量

「こうあるべき」と考える人は病みやすい

バルセロナ大学 フェイクサスら

今、5人に1人はうつ病や統合失調症などの精神疾患にかかっていると言われていますが、その原因にもやはり不安や、不安による考えすぎがあります。

では、具体的にどのような考えが心にダメージを生むのでしょうか？

バルセロナ大学のフェイクサスらは、161人のうつを抱える人と110人の健康な人を対象に、両者の思考の何が違うのか要因を調査しました。

この結果、明らかになったのが「葛藤」を持つ人の割合です。葛藤とはカンタンに言えば「現実と理想とのギャップ」のことで、健康な人の場合は34・5％の人が葛藤を抱えていた一方、うつの人は68・3％と、2倍以上の人が葛藤を持っていることがわかりました。さらに、葛藤を抱えるうつの人のうち86％は自殺しようとした経験があるということでした。

こうあってほしいと思う心、そうならない現実。この差が、精神状態に大きな影響を与えているとこの研究では報告されています。

もちろん人間誰しも、願望は抱えているものです。「こうあってほしい」「こうならなくてはならない」、そうした思いは育ってきた環境の中で身についていることが多く、自分がなぜ願望を抱えているか、そもそもどんな願望を持っているかわからないことがほとんどかもしれません。

ただ、このギャップというのはある種のバロメーターにもなります。どういうことかというと、心の中で抱えている不安が大きければ大きいほど、願望も大きくなりやすいのです。

つまり、**不安が大きいときほど、理想は高くなる傾向があり、現実との差が大きくなっていきます**。そして、ギャップが大きくなるほどよりネガティブな感情、思考に支配されやすくなるのです。

たとえば日常で、自分や人に対して「～すべき」「～であるべき」といったフレーズを使っていないでしょうか？

「～すべき」という言葉は、「理想的な基準」を心の中で持っていることのあらわれであり、頻繁に使っているという場合は注意が必要かもしれません。

不安が大きいと、「自動思考」といって思い込みによる想像が始まることもあります。たとえば、人とちょっとした言い争いをしたときに「私は誰ともうまくやっていけない」と考えたりとか、「誰からもメールの返信が来ない。私はいじめられている」とか、そんな具合に事実を拡大解釈して、想像によって世界を見てしまうのです。

では、どうすればいいのでしょうか？

基本スタンスは、まずはいったん受け止めてみて「そういうものだよね、と気ラクに構える」ことです。

私たちは都合の悪いことに出会うと、環境や他人を変えたくなってしまうものですが、自分の外の世界を変えることはとても難しいことです。変わらないものを変えたい、変わってほしいと考えることは、時間もエネルギーもムダにしてしまいます。それよりも、自分の受け止め方を変えるほうがはるかにカンタンで現実的なのです。

また、メカニズムがわからない、対処のしようがまったくわからないと、不安はどんどん大きくなります。そして、わからなくて不安だから、恐れて拒絶したり、攻撃的になったりするのです。

しかし、脳は優秀です。**「なるほど、こういう理屈で心の作用が起きるのか」と理解が進むと、ある程度客観的にものごとを見られるようになるのです。**理性をつかさどる脳を働かせることで、感情をつかさどる脳をおさえることができるのです。

そうすると、心の許容量が増えていきます。自分自身のストレス状態も把握できるようになってきて、必要以上に考える時間が少なくなってくるでしょう。

理想や基準を捨てるというのはカンタンな話ではないので、まずは「そういうものなのね」と受け止めてみる。そこからスタートしてみてはいかがでしょうか。

これは、世の中に対しても、人に対しても、自分自身に対しても同じです。人それぞれの差、行動原理の違い、仕組みに目を向けていくことで、「許せないこと」は確実に少なくしていくことができます。

How to UNTHINK

仕組みがわかってくると不安の許容量も増えてくる

THINK SIMPLY

38

幸福の追求

感情はいろいろと複雑なものを味わったほうが精神にいい

ポンペウ・ファブラ大学　クオイドバックら

人は不安があるからこそ、「幸福」や「快適さ」「心地よさ」を求めていくとお伝えしていますが、では、日々幸せなことだけがまわりにある人は幸福なのでしょうか？

スペインのポンペウ・ファブラ大学のクオイドバックらの研究チームは、3万7000人を対象にした幸福と感情にまつわる調査をしました。

この調査では、喜び、畏敬、希望、感謝、愛、自尊心など9つのポジティブな感情と、怒り、悲しみ、恐れ、嫌悪、罪悪感、不安などの9つのネガティブな感情をそれぞれどれくらいの頻度で経験するかを答えてもらいました。そして、経験した感情と現在の幸福感などを調査したのです。

この結果、感じる感情が多様である……つまり、**さまざまな感情がわきあがってくる人のほうが精神衛生的にも健康で、幸福度が高い**ことがわかりました。

つまり、ラクなことや嬉しいことだけを経験するのが幸せなのではありません。さまざまなことを経験し、多様な感情を味わいながら、あるがままを受け入れていくことが究極の幸せであるとこの研究では報告されています。

ビートルズの名曲「Let It Be」。「あるがままに」などと翻訳されますが、今ここにない何かを求めるのではなく、事実や感情をそのまま受け止めることから幸福の本質的な意味が見えてくるということでしょうか。

でも、たしかに楽しい、ラクだけの毎日ではその感覚がマヒしていきそうですよね。

長期休みも最初は嬉しいものですが、あまりにもダラダラしていると喜びがなくなっていきますし、疲労感が出てきてしまいます。

また、心底悲しい、悔しい！　という思いを経験するからこそ、喜びに出会ったときの感動は増すのでしょうし、会社などでつらい思いをするなど不遇な経験をするからこそ、理想的な環境に出会ったときの感謝も大きくなります。

同様のことは、ノーベル経済学賞を受賞した心理学者ダニエル・カーネマンも指摘しています。

カーネマンは、幸福には「満足感」「性格的特徴」「感情」「感動や興奮」という4つのカテゴリーがあるとし、単純な基準は存在しないことを伝えています。

さらに、「喜びの追求は一時的に幸せになれるが、全般的な幸福感を長時間維持するうえでは効果がない」とも言っています。

つまり、**幸せというのは複合的な要因でできていて、「これをすれば幸せになれる」という行動でカバーできるものではない**、ということです。

お金であれ、趣味であれ、人間関係であれ、何かで満たそうとするのは一瞬の逃避に過ぎない、ということですね。「誰より上だから幸福」「誰より下だから不幸」といった相対的な幸福も本質的なものではありません。

あくまでも、人生経験の中で身につけていく自分だけの尺度なのです。その意味では、他人との比較ではなく、自分の内面（感情、性格、欲求、習慣など）をさまざまな角度で見つめていくことが重要だと言えます。

How to UNTHINK

喜びや快楽を追求しても幸福にはならない。「Let It Be（あるがままに）」の姿勢が重要

CHAPTER 7

THINK SIMPLY

リセット＆GO！

THINK SIMPLY

39

効果的なリフレッシュ

コーヒーを飲むよりも階段をのぼろう

ジョージア大学 ランドルフら

さて、いよいよ最後の章になります。

この章のテーマは、リセット! オーバーヒートした頭や心、感じたストレスや疲労を回復し、再びパフォーマンスを高める方法についてお伝えしていきます。日常でカンタンにできるものだけをピックアップしているので、ぜひ気軽にお試しください。

最初は、コーヒーブレイクについてのこんな研究です。長時間仕事や勉強をしていて、疲れたなぁ、集中が切れてきたなぁというときがありますよね。

そんなとき、何をするでしょうか?

多くの人はコーヒーやお茶を飲んだり、喫煙者の場合にはタバコを一服、ということもあるかもしれませんが、このことに関連する興味深い研究があります。

アメリカのジョージア大学の研究チームが学術誌『Physiology and Behavior(フィシオロジー・アンド・ビヘイビアー)』に発表したもので、「コーヒーを飲むよりも、身近な場所で10分間階段を上り下りしたほうが眠気覚ましに効果があり、活力も得られる」と報告したのです。

この実験に参加したのは、毎晩の平均睡眠時間が6時間半程度で、カフェインをふだんから摂取する傾向がある女子大生です。

彼女たちに一般的なオフィスで働くことを想定し、1日中パソコンの前に座り、言語能力や認知能力を必要とする作業をしてもらいました。

この作業中、参加者たちにはそれぞれ

①「カフェインを摂取する」
②「プラセボ（カフェインと言って出すが、本当は違うもの＝「偽薬」）を摂取する」
③「10分間階段を上り下りする」

という3パターンの行動をしてもらいました（日を空けて、それぞれ別々の日に実施）。どれがもっとも効果があるかという実験です。

この結果、もっとも作業効率やモチベーションが高まったのは③の「10分間階段を上り下りすること」だったのです。

コーヒー1杯にはおおよそ50ミリグラムのカフェインが含まれますが、このカフェインの効果よりも、運動のほうが効果的だとわかりました。さらに、**コーヒー**

によるカフェイン摂取の効果は、プラセボ（偽薬）を摂取したときと大差ないという結果になったのです。

もちろんそもそも片方はプラセボですのでまったく効果がないというわけではないかもしれませんし、コーヒーにはさまざまな健康効果があるという医学論文も多数あるのですが、働くうえでの即効性と効果の大きさでいえば、「物理的にちょっと動く」ほうがはるかに大きいということです。階段ではなくとも、休憩がてら職場や自宅のまわりを早歩きで散歩する、といったこともいいでしょう。

123ページでお伝えしたように、特に考えごとをしているときには「歩きながら」「動きながら」はより脳が活性化しやすくなるのでおすすめです。

How to UNTHINK

作業のモチベーション、効率を上げたければ「ちょっと運動」が最適

THINK SIMPLY

40

森林浴の効果

とりあえず森へ行け

ミシガン大学 ハンターら

昔から、森林浴という言葉がありますね。

この言葉に代表されるように、「自然にふれるとなんだかいいぞ」ということは多くの人が体感していることだと思うのですが、実際どれくらい効果があるのでしょうか？

その効果を明らかにした研究があります。

2019年に発表されたミシガン大学のハンターらの研究です。

ハンターらは、都会暮らしの人を対象に「週に最低3回、10分以上」自然にふれる機会をつくってもらい、8週間取り組んでもらいました。そして、この間に合計4回ストレス度のチェックを行うために唾液を採取します。

この結果わかったのは、**もっとも高い効果が得られたのは「1回20〜30分自然とふれたとき」でした。**ストレスを感じたときに発生するコルチゾールというホルモンの値が、通常時と比べて28・1％も低くなったのです。30分超えてもストレス値は下がるのですが、ペースは遅くなることがわかっています。

なお、この実験の「自然とふれる場所」は人それぞれです。参加者が各々思う「自然を感じる場所」を選んでもらい、そこで過ごしてもらいました。

都会で生活している人だとなかなか大きな公園はないかもしれませんが、緑の多い場所など「自然があるなぁ」と感じる場所であれば効果は得られるようです。

関連して、より大きな規模の調査ではエクセター大学のホワイトらが約2万人を対象に行った研究があります。

報告によると、**「週に120分以上自然とふれた人は心身ともに健康な傾向があった」**と言います。

この傾向は1週間に200〜300分がピークとのことで、週に3時間から5時間ほどが上限のようです。

ちなみに私は数年前、仕事で2年ほど

How to UNTHINK

ハワイで過ごしたことがあるのですが、デスクワークに疲れたらサーフィンに出かけたりして、何も考えずにプカプカ浮くという生活をしていましたが、ストレスを感じる時間がたしかにものすごく少なかったような気がします。

日常ではついついそういう息抜きの時間を忘れてしまいますから、あ〜なんか疲れたぁ、頭が回らないなぁと思ったら、とりあえず自然のある場所へ。突発的にでもいいので、目的もなく自然とふれあいに行くのもいいと思います。

また、晴れた日の青空を眺めるだけでもリラックス効果があるという研究もあるので、ぜひ試してみてください。

たまには目的もなく、自然の中へ。ストレスをグッと下げることができる

THINK SIMPLY

41

休息の効果

いい睡眠はストレスをきれいに洗い流す

ボストン大学 ファルツら

ストレスは身体に悪いというのはよく言われることですが、相手がいることであったり、時期的にどうしてもふんばらないといけなかったりすることもあるでしょう。

そんな中、唯一自分でコントロールできる時間は、一人でいる時間、眠る時間です。

世界に比べ、日本人の平均睡眠時間は短いと言われることがあります。

ただ短いだけならまだしも、眠る寸前までスマホやPCを見るなど交感神経がオンのまま寝る人も多いため、眠りの質が悪い人も多いでしょう。

睡眠とは、身体を休ませたり、記憶を定着させたりするのにも非常に重要な時間ですので、ぜひ十分な時間、質のいい睡眠をとってほしいと思います。

このことに関連して、こんな研究を紹介します。

２０１７年、北海道大学の村上らはストレスの恐ろしさに関して非常に重要な意義を持つ実験をしました。

マウスを使い、ストレスによって胃腸の病気や突然死を引き起こすメカニズムを分子レベルで解明したのです。

村上らの研究では、マウスを睡眠不足にさせたり、床敷を濡らしたりすることで慢性的なストレスを与えました。そのうえで、「多発性硬化症」という脳や脊《せき》髄《ずい》などに硬化が起きる病気とストレスとの関係を調べたのです。

マウスはそれぞれ、

①「ストレスを与えただけのマウス」
②「ストレスを与えず、多発性硬化症の免疫細胞を注入したマウス」
③「ストレスを与え、血液に免疫細胞を注入したマウス」

に分けられます。この結果、①「ストレスを与えただけのマウス」と②「免疫細胞を与えたマウス」には特に変化はありませんでした。

しかし、③「ストレスと免疫細胞を与えたマウス」は7割が1週間ほどで突然死しました。

つまり、炎症を引き起こす病原性の免疫細胞が血中にある場合、ストレスが引き金となって病気を招くことを突き止めたのです。**ストレス過剰な状態は深刻な**

病気を引き起こすきっかけになる、というわけです。

ストレスフルな生活がいかに心身を傷つけているかがよくわかります。

そうは言っても、現実的に仕事や対人関係などでストレスはコントロールできない部分があるでしょう。

しかしながら、最低限の食事や、睡眠環境は自分でコントロールできますよね。

特に睡眠は、脳の状態を健康に保つためにも重要だということがわかっています。

ボストン大学のファルツらの研究で、**睡眠中（特にノンレム睡眠中）には、脳内液体の循環スピードが3・5倍に高まる**という報告があります。循環スピードが早まることで、脳内のいらない物質をきれいに洗い流しているようなのです。

つまり、きちんと睡眠をとるほど、ストレス物質などを取り除いてきれいな状態にしてくれ、翌朝にはいい状態で目覚めることができる、というわけです。

そのためには、眠る直前のスマホいじり、テレビ視聴など交感神経を刺激することをやめて、そのかわりストレッチをして身体の緊張をほぐすなどしてみてください。

「よく考える」ためには「よく休む」ことも重要なのです。
ぜひ、最大限休める環境づくりを実践されてみてください。

How to UNTHINK

溜め込んだストレスを流すのは、睡眠。住環境や夜の習慣を大切にしよう

THINK SIMPLY

42

歯みがきの効果

休憩中の歯みがきはその後のパフォーマンスを高める

千葉大学 左達ら

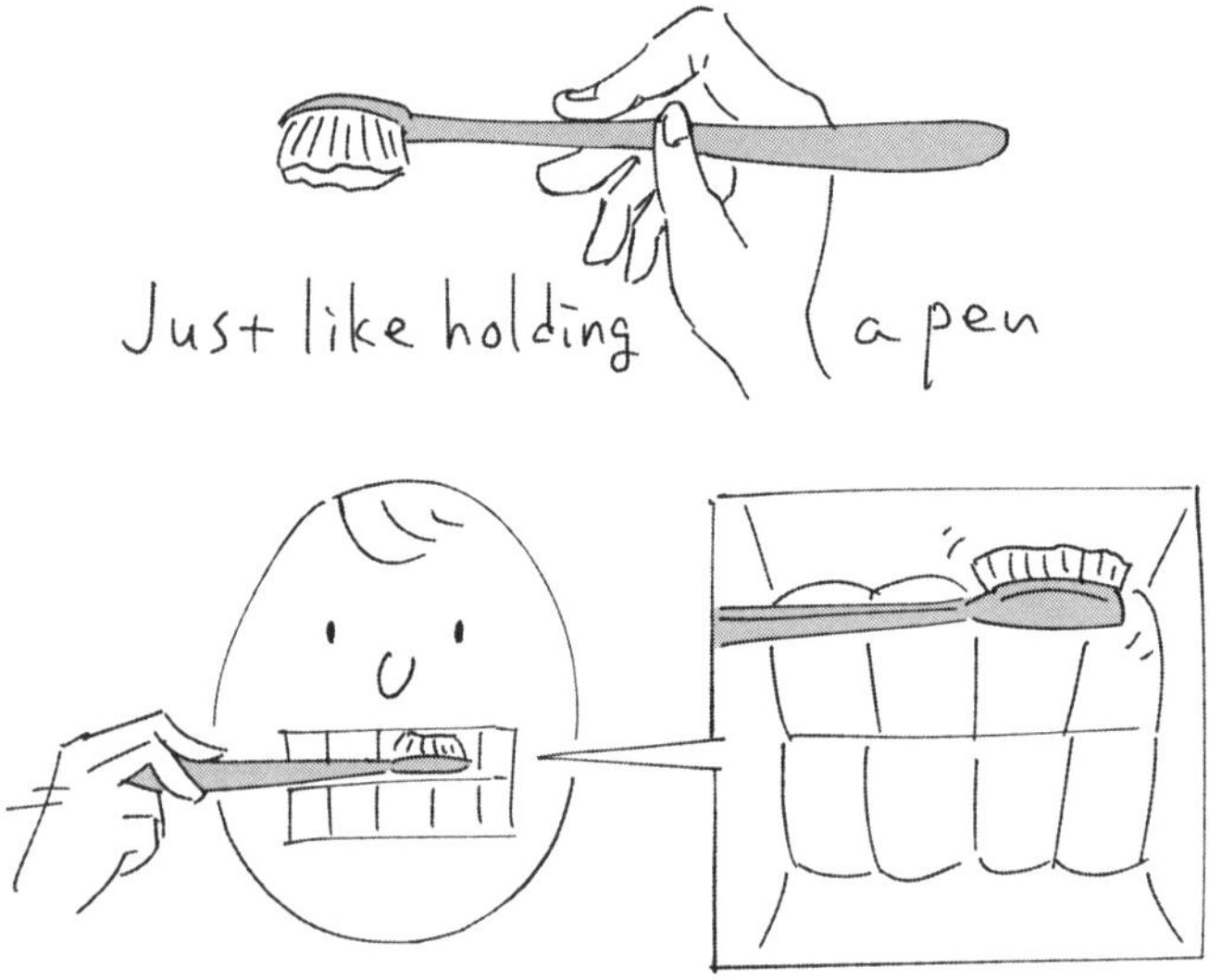

ペンをにぎるようにやさしく磨きましょう

気分転換の方法もさまざまお伝えしていますが、意外なところでこんな研究を紹介しましょう。

千葉大学の左達らの研究によるもので、「歯みがきは気分をリフレッシュする効果がある」と発表しています。

この実験では、参加者にまず20分のパソコン作業をしてもらいました。

そして、そのあとに①「歯みがきをするグループ」、②「歯みがきをしないグループ」に分けて、その効果について調べたのです。

この結果、①の歯みがきをしたグループは大脳が活性化し、「爽快感」「集中力」「頭のスッキリ感」が得られました。その一方で「眠気」や「倦怠感」は減少したのです。つまり、作業後の歯みがきが疲れた脳を活性化させるのに役立ったようなのです。

その理由として、歯ブラシを手で動かすことや、口へのブラシによる刺激がほどよく脳を刺激したのではと考えられています。

余談ですが、歯みがきは虫歯や口臭予防といったことだけでなく、近年増えている誤嚥性肺炎《ごえんせいはいえん》や細菌性の心臓病など、さまざまな病気にも予防効果があることが知られています。

昼食後に眠くなってきたときのリフレッシュにも、病気の予防にもなりますので、習慣化ができていない人はこの機会にぜひ意識してみてはいかがでしょうか。

How to UNTHINK

歯みがきで口をほどよく刺激して大脳を活性化。病気予防にもなります

THINK SIMPLY

43

見た目とモチベーション

なぜ、女子は出かけるのに時間がかかるのか？の科学的な理由

長崎大学 土居

家族や恋人でどこかに出かけよう！　というとき、男性の中には「なぜ女性がそんなに準備に時間をかけるのかわからない！」「もう、さっさと出かけようよ！」なんて思う人がいるかもしれません。

ところが、女性にとって身だしなみを整えるというのは、見た目の問題以上に内面に大きくかかわるものだということがわかってきています。

女性のメイクをテーマにしたこんな研究があります。

長崎大学の土居は、若い女性を対象に①「自分の顔」、②「コンピューターで人工的に美しくした顔」、③「コンピューターで人工的に醜くした顔」をそれぞれ見てもらい、そのときの脳の様子をモニタリングするという実験を行いました。

この結果、③「人工的に醜くした顔」を見たとき、参加者たちのストレス反応が生まれることがわかったのです。平たく言うと、「こんな顔はイヤ！（こんなはずがない！）」という反応を示したということです。

この研究では、女性がもっともストレスを感じるのは、「自分の思う顔になっていないとき」、つまりセルフイメージと違うときだと報告されています。

女性がメイクをするのも、きれいになりたいというよりも、自分が思っているより醜いのはイヤ、という欲求のほうが強いのではないかとこの実験では伝えられています。

また、同志社大学の余語らは、24人の20代の女性を対象にメイクによる感情や態度の変化を調べています。この研究によると、メイクをした人は自己尊敬や自己満足度が高くなり、さらにプロに化粧をしてもらった場合にはより不安感が減り、声も高くなることが観察されています。

いずれの研究でも、**身なりをきれいに整えることで気持ちや行動がポジティブになる**という結果が出ているのです。

また、服装には「なりきり効果」があることも知られています。仕事の制服やスーツを着ると気が引き締まったり、「カッコいい」「かわいい」と感じる服を着ることでセルフモチベーションが高まる効果もあるのです。

「形から入る」という言葉もあるように、モチベーションを高めたい、社交的になりたい、仕事のパフォーマンスを上げたい、というときには身だしなみに気をつかってみることが大きなポイントになるかもしれません。

女性がメイクやファッションにお金や時間を使うことは、心や行動の面から考えても非常に意味のあることなのです。

「なんでそんなに時間かかるの?」なんて思ってしまう男性も、その点を理解してお互いに付き合えるといいかもしれませんね。

なお、男性でもマニキュアを塗ったりするのは一定の効果が得られるようです。京都大学の平松は男性15人にマニキュアを塗ってもらい、参加者たちにどのような感情の変化があったか調べました。この結果、マニキュアを塗った人は緊張、疲労、落ち込みなどが減り、特にリラックスの点で大きな変化があったそうです。

見た目による心の変化、おもしろいですよね。

How to UNTHINK

見た目を整えることは、心を整えることにもつながってくる

THINK SIMPLY

44

かわいいの効果

子猫や子犬の写真を見ると集中力が高まる

広島大学 入戸野

猫や犬が好きな方には耳寄りな、ユニークな実験を紹介しましょう。2012年に発表された広島大学の入戸野によって行われたものです。

この実験では学生に集中力の必要な作業をしてもらい、作業の間にある写真を見てもらいます。見る写真の種類によって作業効率に変化があるかどうかを調べる、というものです。

写真は3種類で、

①「子猫や子犬の写真」
②「大人の猫や犬の写真」
③「寿司などの食べもの」

この結果、一つだけ作業効率が高まったグループがあります。どれだと思いますか？

正解は、①「子猫や子犬の写真を見たグループ」。他のグループと比べ、最大44％パフォーマンスが高まったのです。

「かわいい」ものには注意を引きつける効果があるので、その後の集中力にもつながったのではと考察されています。

たしかに人間を含めた動物の赤ちゃんの多くは、丸い瞳、丸い身体をしていますよね。このフォルムを見て私たちは「かわいい」と感じるわけですが、赤ちゃんにとってはそうしてまわりの注意をひくことで世話をしてもらえる(守ってもらえる)という機能があると生物学的には考えられています。そして、見た目としても注意が向くことで意識が研ぎ澄まされ、集中力や効率が高まったのだと考えられるのです。

ちょっと集中して疲れたなぁというとき、子猫や子犬の写真を見てみてください。癒やされるとともに、脳に集中力が戻ってくるのを感じることでしょう。

How to UNTHINK

「かわいい」は癒やしだけでなく集中力もくれる

THINK SIMPLY

45

歌ってみよう

カラオケがストレスにいい科学的根拠

ミシガン大学 キーラー

歌うことは好きでしょうか？

何かにつけて「カラオケ行こうか！」なんていう人もいるかもしれませんが、実は歌うというのはストレスをおさえるのに効果的だという研究が報告されています。

ミシガン大学のキーラーによるもので、4人一組のグループをつくり、歌を歌ってもらいます。このときの脳内物質の量を調べました。グループは2つで、

①「即興の曲をつくって歌うグループ」
②「既存の曲を歌うグループ」

です。この結果、いずれのグループでも「副腎皮質《ふくじんひしつ》刺激ホルモン」というコルチゾールの分泌にかかわりの深い物質が低下しました。コルチゾールはストレスを感じたときに分泌されるホルモンで、興奮にも関係しています。

つまり、歌うことでストレスや興奮がおさえられたという結果になったのです。

グループ別で見ると、①「即興」よりも②「既存の曲を歌ったグループ」のほ

呼吸が通るようになります

うがより効果が高いという結果になりました。

さらにわかったこととして、**大きな声で歌うほどコルチゾールが下がり、さらに幸せホルモンと呼ばれる「オキシトシン」の量がアップした**のです。ストレスがおさえられるだけでなく、幸福感も高まるということですね。

歌うのが苦手という人は、大きな声を出すだけでも効果があるとのことです。

モヤモヤするなぁ～とか、集中して頭が疲れたなぁ～なんていうときには、大声で思いっきり歌うとかなりスッキリするはずです。幸い日本には一人カラオケの文化もありますし、ぜひ気兼ねなく試してみてください。

ちなみにですが、声が出づらいなぁというときは、水の入ったコップに太めのストローをさし、ストローをくわえたまま「あー」「うー」と声を出して水をブクブクさせてみてください。

ボイストレーニングにも使われる方法なのですが、これを2～3分やるだけで呼吸が通り、自然とお腹から声が出るようになります。さっきまで出てなかったはずの高音も出るようになりますよ。

また、この方法なら大声を出しても音漏れが少ないので、ご近所迷惑を気にせず大声が出せます（笑）。大事な会議前や人に会う前にもいいかもしれませんね。

How to UNTHINK

恥も外聞もなく、歌ってみよう

おわりに

現代社会では、熟考することが尊ばれてきました。もちろん、このことに異を唱えるつもりはありません。しかし、意図的に賢く考えようと肩に力が入りすぎている人も多いのかもしれない……。もうちょっと身軽になってもいいんじゃないだろうか？　そんな思いが、本書を書くきっかけとなりました。

思考過多・不安過多になると、私たちは周囲の環境や人に憤りを覚え、攻撃的になることもあります。しかし、人を攻撃しても結局自分自身にもダメージを蓄積するだけだということは本書の中でお伝えしたとおりです。

「敵は他者にあらず。己の中にあり」……あらゆる思考・感情をつくり出しているのは、他でもない自分自身なのです。本来、いいほうにも悪いほうにも、人は進む道を自分で選ぶことができます。悪いほうにいかないためには「なぜネガティブになるのだろう？」と原因やメカニズムを知ることが欠かせません。

そうして思考や心を落ち着かせる方法を知ることで、自分にとっても人にとっても「最適な行動」をとれるようになっていくのです。

トリニティ大学のウォーレイスらの研究によると、「人に危害を加えた人（加害者）」が被害者に罪を許してもらえなかった場合、86％の確率で同じ被害者に危害を加えることを選択すると言います。ところが、被害者が加害者を許した場合には、加害者は攻撃をしなくなり、さらには自身の行いへの後悔や反省が促される傾向があると報告しています。

自分が変わればまわりが変わると言われるように、自分の思考・感情が安定すれば、周囲の反応が変わってくるのです。「考えすぎない」ということをきっかけに、私たちが人生の中でよりよい選択ができることを願っています。

最後に、本書に携わってくださった方々にこの場を借りてお礼を申し上げます。編集者の松本幸樹さんとサンクチュアリ出版のみなさん、元教え子ながら10年来の相棒として、重要なブレインとしてずっと支えてくれてきた木場修司さん、そして私の活動をいつも応援し、楽しみにしていてくれている友人たち、親類、家族。何より本書を手にとって読んでくださった読者のみなさま。あらためて心から感謝申し上げます。私たちの未来に幸多からんことを！

Paper, No. 22487.

Mackworth, N.H. (1948). The breakdown of vigilance during prolonged visual search. *Journal of Experimental Psychology*, 1, 6-21.

益子 行弘 , 萱場 奈津美 , 齋藤 美穂 . (2011).「表情の変化量と笑いの分類の検討」知能と情報 , 23(2), 186-197.

Mehta, R., Zhu, R. (Juliet), and Cheema, A. (2012). Is noise always bad? Exploring the effects of ambient noise on creative cognition. *Journal of Consumer Research*, 39(4), 784– 799.

Mehrabian, A. (1971). *Silent Messages* (1st ed.). Belmont, CA: Wadsworth.

Miller, L. C., Berg, J. H., and Archer, R. L. (1983). Openers: Individuals who elicit intimate self-disclosure. *Journal of Personality and Social Psychology*, 44(6), 1234–1244.

Moser, J. S., Hartwig, R., Moran, T. P., Jendrusina, A. A., and Kross, E. (2014). Neural markers of positive reappraisal and their associations with trait reappraisal and worry. *Journal of Abnormal Psychology*, 123(1), 91–105.

Moser, J. S., Dougherty, A., Mattson, W. I., Katz, B., Moran, T. P., Guevarra, D., Shablack, H., Ayduk, O., Jonides, J., Berman, M. G., and Kross. E. (2017). Third-person self-talk facilitates emotion regulation without engaging cognitive control: Converging evidence from ERP and fMRI. *Scientific Reports*, 7 (1), 4519.

村田明日香 エラー処理に関わる動機づけ的要因の検討 事象関連電位をどう使うか－若手研究者からの提言（2）. 日本心理学会第 69 回大会・ワークショップ 91 (慶応義塾大学) 2005 年 9 月 .

Mussweiler, T., Rüter, K., and Epstude, K.(2006). The why, who, and how of social comparison: A social-cognition perspective. In S. Guimond(Ed.), *Social comparison and social psychology. Understanding cognition, intergroup relations and culture*. 33-54, Cambridge: Cambridge University Press.

Nittono, H., Fukushima, M., Yano, A., and Moriya, H. (2012). The power of kawaii: Viewing cute images promotes a careful behavior and narrows attentional focus. *PLoS ONE*, 7(9), e46362.

Oaten, M., and Cheng, K. (2006). Longitudinal gains in self-regulation from regular physical exercise. *British Journal of Health Psychological Society*, 11, 717-733.

O'Doherty, J., Winston, J., Critchley, H., Perrett, D., Burt, D. M., and Dolan, R. J. (2003). Beauty in a smile: the role of medial orbitofrontal cortex in facial attractiveness. *Neuropsychologia*, 41, 147-155.

Oswald, A. J., Proto, E. and Sgroi, D. (2015). Happiness and productivity. *Journal of Labor Economics*., 33 (4). 789-822.

Owen, N., Sparling, P., Healy, G., Dunstan, D., and Matthews, C. (2010). Sedentary Behavior: Emerging Evidence for a New Health Risk. M*ayo Clinic Proceedings*, 85(12), 1138-1141.

Pennebaker, J. W. (1989). Confession, inhibition, and disease. In L. Berkowitz (Ed.), *Advances in Experimental Social Psychology*, 211-244. New York: Academic Press.

Quoidbach, J., Gruber, J., Mikolajczak, M., Kogan, A., Kotsou, I., and Norton, M. I. (2014). Emodiversity and the emotional ecosystem. *Journal of Experimental Psychology: General*, 143 (6), 2057-2066.

Radvansky, G. A., Krawietz,S. A., and Tamplin, A. K. (2011). Walking Through Doorways Causes Forgetting: Further Explorations. *Quarterly Journal of Experimental Psychology*, 64, 1632–45.

Raichle, M. E., MacLeod, A. M., Snyder, A. Z., Powers, W. J., Gusnard, D. A., and Shulman, G. L. (2001). A default mode of brain function. *Proceedings of the National Academy of Sciences of the United States of America*, 16, 98(2), 676-82.

Ramirez, G., and Beilock, S. L. (2011). Writing about Testing Worries Boosts Exam Performance in the Classroom. *Science*, 331, 211-213.

Randolph, D. D. and O'Connor, P. J. (2017). Stair walking is more energizing than low dose caffeine in sleep deprived young women. *Physiology and Behavior*, 174, 128-135.

Richards, B. A. and Frankland, P. W. (2014). The Persistence and Transience of Memory. *Neuron*, 94(6):1071-1084.

左達秀敏、村上義徳、外村学、矢田幸博、下山一郎（2010）.「歯磨き行為の積極的 . 休息への応用について」産業衛生学会誌 , 52 (2), 67-73.

Schuck, N. W. and Niv, Y. (2019). Sequential replay of non-spatial task states in the human hippocampus. *Science*, 364(6447).

Sedikides, C. and Strube, M. J. (1997). Self-evaluation: to thine own self be good, to thine own self be sure, to thine own self be true, and to thine own self be better. In Zanna, M. P. (ed.), *Advances in Experimental Social Psychology*, 209–269, San Diego: Academic Press.

須藤みず紀、安藤創一、永松俊哉 (2015) .「一過性のストレッチ運動が認知機能, 脳の酸素化動態, および感情に及ぼす影響」体力研究 , 113, 19-26.

Skorka-Brown, J., Andrade, J., and May, J. (2014). Playing 'Tetris' reduces the strength, frequency and vividness of naturally occurring cravings. *Appetite*, 76, 161-165.

Szabó, M. and Lovibond, P. F. (2006). Worry episodes and perceived problem solving: A diary-based approach, *Anxiety, Stress and Coping*, 19(2), 175-187.

Talami, F., Vaudano, A. E., and Meletti, S. (2019). Motor and Limbic System Contribution to Emotional Laughter across the Lifespan. *Cerebral Cortex*, 30(5), 3381-3391.

Tromholt, M. (2016). The Facebook experiment: Quitting Facebook leads to higher levels of well-being. *Cyberpsychology, Behavior, and Social Networking*, 19, 661–666.

Vaegter, H. B., Thinggaard, P., Madsen, C. H., Hasenbring, M., and Thorlund, J. B. (2020). Power of Words: Influence of Preexercise Information on Hypoalgesia after Exercise-Randomized Controlled Trial. *Medicine and Science in Sports and Exercise*. https://doi.org/10.1249/MSS.0000000000002396.

Vaillant, G. E. (2012). *Triumphs of experience: The men of the Harvard Grant Study*. Belknap Press of Harvard University Press.

Wang, Y., Ge, J., Zhang, H., Wang, H. and Xie, X. (2020). Altruistic behaviors relieve physical pain. *Proceedings of the National Academy of Sciences*, 117, 950-958.

余語真夫・浜治世・津田兼六・鈴木ゆかり・互恵子 (1990).「女性の精神的健康に与える化粧の効用」健康心理学研究 , 3, 28-32.

Ziegler, D. A., Simon, A. J., Gallen, C. L., Skinner, S., Janowich, J. R., Volponi, J. J., Rolle, C.E., Mishra, J., Kornfield, J., Anguera, J.A., Gazzaley, A. (2019).

Closed-loop digital meditation improves sustained attention in young adults. *Nature Human Behaviour*, 3(7), 746–757.

参考文献

Analytis, P. P., Barkoczi, D., and Herzog, S. M. (2018). Social learning strategies for matters of taste. Nature. *Human Behavior*, 2, 415–424.

Andersen, S. M., Spielman, L. A., and Bargh, J. A. (1992). Future-Event Schemas and Certainty About the Future: Automaticity in Depressives' Future-Event Predictions. *Journal of Personality and Social Psychology*, 63(5), 711-723.

Anderson, M. C., Bjork, R. A., and Bjork, E. L. (1994). Remembering can cause forgetting: Retrieval dynamics in long-term memory. *Journal of Experimental Psychology: Learning, Memory, and Cognition*, 20, 1063–1087.

Andrade, J. (2009). What does doodling do? *Applied Cognitive Psychology*, 23 (3), 1-7.

Berk, L. S., Felten, D. L., Tan, S. A., Bittman, B. B., Westengard, J. (2001). Modulation of neuroimmune parameters during the eustress of humor-associated mirthful laughter. *Alternative Therapies In Health And Medicine*, (2), 62-72–74-66.

Borkovec, T. D., Hazlett-Stevens, H., and Diaz, M. L. (1999). The role of positive beliefs about worry in generalized anxiety disorder and its treatment. *Clinical Psychology and Psychotherapy*, 6(2), 126–138.

Blechert, I., Sheppes, G., Di Tella, C., Williams, H., and Gross, I. I. (2012). See what you think: Reappraisal modulates behavioral and neural responses to social stimuli. *Psychological Science*, 23(4), 346-353.

Brick, N. E., McElhinney, M., J., and Metcalfe, R. S. (2018). The effects of facial expression and relaxation cues on movement economy, physiological, and perceptual responses during running. *Psychology of Sport and Exercise*, 34, 20– 28.

Bushman, B. J., Bonacci, A. M., Pedersen, W. C., Vasquez, E. A., and Miller, N. (2005). Chewing on it can chew you up: Effects of rumination on triggered displaced aggression. *Journal of Personality and Social Psychology*, 88, 969– 983.

Carl, N. and Billari, F. C. (2014)　Generalized Trust and Intelligence in the United States. *PLoS ONE*, 9(3), e91786.

Cepeda, N. J., Vul, E., Rohrer, D., Wixted, J. T., and Pashler, H. (2008). Spacing effects in learning: A temporal ridgeline of optimal retention. *Psychological Science*, 19(11), 1095-1102.

Dijksterhuis, A., Bos, M. W., Van Der Leij, A. and Van Baaren, R. B. (2009). Predicting Soccer Matches After Unconscious and Conscious Thought as a Function of Expertise. *Psychological Science*, 20, 1381–1387.

土居 裕和 (2012).「化粧がもつ自尊心昂揚効果に関する発達脳科学的研究」*Cosmetology : Annual Report of Cosmetology*, 20, 159-162.

Dunning, D., Johnson, K., Ehrlinger, J., and Kruger, J. (2003). *Self-insight: Roadblocks and Detours on the Path to Knowing Thyself.* New York: Psychology Press.

Dunning, D., Johnson, K., Ehrlinger, J., and Kruger, J. (2003). Why People Fail to Recognize Their Own Incompetence. *Current Directions in Psychological Science*, 12(3), 83-87.

Dutton, K. A., and Brown, J. D. (1997). Global self-esteem and specific self-views as determinants of people's reactions to success and failure. *Journal of Personality and Social Psychology*, 73(1), 139-148.

Ebbinghaus, H. (1885). *Memory: A contribution to experimental psychology.* New York: Dover

Ellingson, L. D., Kuffel, A. E., Vack, N. J., and Cook, D. B.,(2014). Active and sedentary behaviors influence feelings of energy and fatigue in women. *Medicine and Science in Sports and Exercise*, 46(1), 192–200.

Feixas, G., Montesano, A., Compan, V., Salla, M., Dada, G., Pucurull, O., Trujillo, A., Paz, C., Munoz, D., Gasol, M., Saul, L.A., Lana, F., Bros, I., Ribeiro, E., Winter, D., Carrera-Fernandez, M.J. and Guardia, J.(2014) Cognitive conflicts in major depression: between desired change and personal coherence. *British Journal of Clinical Psychology*, 53, 369–385.

Fermin, A. S. R., Sakagami, M., Kiyonari, T., Li, Y., Matsumoto, Y., and Yamagishi, T. (2016). Representation of economic preferences in the structure and function of the amygdala and prefrontal cortex. *Scientific Reports*, 6, 20982.

Festinger, L. (1954). A theory of social comparison processes. Human Relations, 7, 117–140

Finkel E. J., DeWall, C. N., Slotter, E. B., Oaten, M., and Foshee, V.A. (2009). Self-Regulatory Failure and Intimate Partner Violence Perpetration. *Journal of Personality and Social Psychology*, 97(3), 483-99.

Fultz, N. E., Bonmassar, G., Setsompop, K., Stickgold, R. A., Rosen, B. R., Polimeni, J. R., and Lewis, L. D. (2019). Coupled electrophysiological, hemodynamic, and cerebrospinal fluid oscillations in human sleep. *Science*, 366: 628-631.

Gilovich, T. and Medvec, V. H. (1994). The temporal pattern to the experience of regret. *Journal of Personality and Social Psychology*, 67 (3), 357–365.

平松隆円 (2011).「男性による化粧行動としてのマニキュア塗抹がもたらす感情状態の変化に関する研究」仏教大学教育学部学会紀要 , 10, 175-181.

Ito, T. A., Larsen, J. T., Smith, N. K., and Cacioppo, J. T. (1998). Negative information weighs more heavily on the brain: the negativity bias in evaluative categorizations. *Journal of Personality and Social Psychology*, 75(4), 887-900.

Hariri, A.R., Tessitore, A., Mattay, V. S., Fera, F. and Weinberger, D.R. (2002). The amygdala response to emotional stimuli: a comparison of faces and scenes. *Neuroimage*, 17, 317–323.

Hatfield, E., Cacioppo, J., and Rapson, R. (1992). Primitive emotional contagion. In. M. S. Clark (Ed.), *Review of Personality and Social Psychology*, 151-177, Newbury Park, CA: Sage.

Hunter, M. R., Gillespie, B. W., and Chen, S. Y. (2019). Urban Nature Experiences Reduce Stress in the Context of Daily Life Based on Salivary Biomarkers. *Frontiers in Psychology*, 10. doi:10.3389/fpsyg.2019.00722.

Kahneman, D. (2000). Evaluation by moments: past and future. In D. Kahneman and A. Tversky (Eds.), *Choices, Values and Frames*, 693-708, Cambridge: Cambridge University Press.

Keeler, J. R., Roth, E. A., Neuser, B. L., Spitsbergen, J. M., Waters, D. J. and Vianney, J. M. (2015). The neurochemistry.and social flow of singing: bonding and oxytocin. *Frontiers in Human Neuroscience*, 9, 518.

Killingsworth, M. A. and Gilbert, D. T. (2010). A wandering mind is an unhappy mind. *Science*, 330, 932.

Kimura, T., Yamashita, S., Fukuda, T., Park, J. M., Murayama, M., Mizoroki, T., Yoshiike, Y., Sahara, N., and Takashima, A. (2007). Hyperphosphorylated tau in parahippocampal cortex impairs place learning in aged mice expressing wild-type human tau. *EMBO Journal*, 26(24), 5143-5152.

Kraft, T. L. and Pressman, S. D. (2012). Grin and bear it: the influence of manipulated facial expression on the stress response. *Psychological Science*, 23 (11), 1372-8.

Levitt, S. D. (2016). Heads or Tails: The Impact of a Coin Toss on Major Life Decisions and Subsequent Happiness. *NBER Working*

堀田秀吾（ほった・しゅうご）

明治大学教授。言語学博士。熊本県生まれ。シカゴ大学博士課程修了。ヨーク大学オズグッドホール・ロースクール修士課程修了。言葉とコミュニケーションをテーマに、言語学、法学、社会心理学、脳科学などのさまざまな分野を融合した研究を展開。「学びとエンターテインメントの融合」をライフワークとし、研究活動において得られた知見を活かして、一般書・ビジネス書を多数執筆。雑誌・WEBなどにも多数連載を持つ。テレビ番組「ワイド！スクランブル」の元レギュラー・コメンテーター、「世界一受けたい授業」などにも出演するなど、多岐にわたる活動を展開している。主な著書に『科学的に元気になる方法集めました』（文響社）、共著に『特定の人としかうまく付き合えないのは、結局、あなたの心が冷めているからだ』（クロスメディア・パブリッシング）がある。

最先端研究で導きだされた
「考えすぎない」人の考え方

2020年8月17日 初版発行
2022年4月26日 第12刷発行（累計5万7千部※電子書籍含む）

著者　堀田秀吾

イラスト　高柳浩太郎
デザイン　井上新八
DTP　吉川東洋彦（オフィス五稜郭）
営業　市川聡（サンクチュアリ出版）
広報　岩田梨恵子（サンクチュアリ出版）
制作　成田夕子（サンクチュアリ出版）
編集／構成　松本幸樹

発行者　鶴巻謙介
発行所　サンクチュアリ出版
113-0023　東京都文京区向丘2-14-9
TEL 03-5834-2507　FAX 03-5834-2508
http://www.sanctuarybooks.jp
info@sanctuarybooks.jp

印刷・製本 中央精版印刷株式会社